Lea Wedewardt
Anja Cantzler

Sich seiner SELBST BEWUSST SEIN

Biografische Selbstreflexion für pädagogische Fachkräfte

HERDER
FREIBURG · BASEL · WIEN

www.herder.de

Umschlaggestaltung, Layout, Satz & Gestaltung:
wunderlichundweigand, Schwäbisch Hall

Covermotiv: © Ardea-studio – Shutterstock
Illustrationen im Innenteil: © bioraven, Bibadash, Kupriianova Alesia, lineartestpilot, Nadia Grapes, Olga Strel, Ruslana_Vasiukova, Rvector, Tanya Leanovich – Shutterstock, © wunderlichundweigand

Herstellung: Graspo CZ, Zlín
Printed in the Czech Republic

ISBN (Print) 978-3-451-39290-0
ISBN EBook (PDF) 978-3-451-82771-6
ISBN EBook (EPUB) 978-3-451-82772-3

Lea Wedewardt
Anja Cantzler

Sich seiner SELBST BEWUSST SEIN

Blickwinkel
für pädagogische
Fachkräfte

Blickwinkel für pädagogische Fachkräfte

#Inspirationen#Atempausen#Impulse
#Perspektiven#Reflexion#Vielfalt

Sich seiner
SELBST BEWUSST
SEIN

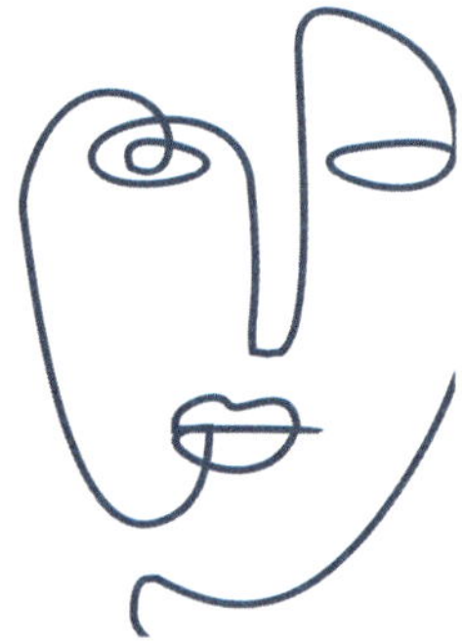

INHALT

Vorwort:
Zwei Generationen – ein Thema

Es gibt keine Zufälle, nur eine Unkenntnis der Zusammenhänge. HEINRICH FALLNER

Im Sommer 2020, mitten in der Pandemie, begegneten sich zwei Frauen über Social Media – Lea Wedewardt (geb. 1987), studierte Kindheitspädagogin (M.A.), verheiratet und Mutter zweier Kinder, wohnhaft in Brandenburg, und Anja Cantzler (geb. 1968), diplomierte Sozialpädagogin, Mastercoach und Supervisorin, seit über 25 Jahren verheiratet und Mutter einer erwachsenen Tochter mit der Wahlheimat Ostwestfalen.

Als Tochter minderjähriger Eltern wurde **Anja Cantzler** in ihren ersten Lebensjahren von den Großeltern und deren Geschwistern mit erzogen und nachhaltig geprägt. Der eine Großvater erzählte viel über den Krieg, der andere hüllte sich in Schweigen. Die ostdeutsche Vergangenheit väterlicherseits war durch Traumata geprägt. In ihrer Kindergartenzeit kam Anja Cantzler erstmalig mit bedürfnisorientierter Pädagogik in Kontakt. Sie durfte erleben, dass sie als Person mit ihren Interessen und Wünschen von ihren Erziehern und Erzieherinnen ernst genommen wurde. Anjas Lebensweg verlief nicht immer geradlinig. Er war geprägt durch Geldsorgen, Krankheiten und Krisen. Es gab immer wieder wichtige Personen, die zu ihr standen, als sie dies am meisten brauchte. Ihre fast zehnjährige Tätigkeit als Fachkraft und Leiterin in verschiedenen Kindertageseinrichtungen eröffnete ihr einen intensiven Blick in die Praxis, der sich heute in ihrem Einfühlungsvermögen für die Praxis widerspiegelt. Mit ihrer Coaching- und Supervisionsausbildung wuchs ihr Interesse an der Bedeutsamkeit der eigenen Biografie, für das eigene Fühlen, Denken und Handeln. Sie lernte die biografische Selbstreflexion als Schlüssel für professionelles Handeln schätzen und nutzt jede sich bietende Gelegenheit, dies Fachkräften aus Krippe, Kita und Kindertagespflege in ihren Weiterbildungen und Fachbüchern mit auf den Weg zu geben.

Lea Wedewardt wuchs behütet in einer bodenständigen Baden-Württemberger Familie auf und hat ihre Kindheit als sehr wohltuend in Erinnerung. Mit zwei jüngeren Schwestern stellte sie allen möglichen Schabernack an, stritt sich mit ihnen und vertrug sich wieder. Ihre Kindergarten- und Schulzeit verbrachte sie in Waldorfkreisen. Als eher schüchternes, sensibles und feinsinniges Kind tat ihr die Waldorfpädagogik gut und sie konnte dort ihre Persönlichkeit entwickeln. Die Realität nach der Schulzeit stellte Lea mit ihrer einfühlsamen Art jedoch vor Herausforderungen. Sie konnte oft nicht fassen, wie grausam die Welt doch sein kann. Insbesondere während ihres Studiums zur Kindheitspädagogin erlebte sie einprägsame Momente in den Praxisphasen in Kindertagesstätten. Diese manchmal für sie im Nachgang traumatisch empfundenen Szenarien, die so gar nicht mit ihren eigenen Kindheitserfahrungen zusammenpassten, ließen sie die Kraft entwickeln, sich für die Rechte der Kinder in Kindertageseinrichtungen einzusetzen. Besonders einprägsam und für dieses Buch ebenfalls wichtig waren die psychoanalytische Schwerpunktsetzung in ihrem Studium und die damit selbst erlebten Selbsterfahrungsabschnitte. So kam es, dass Lea Wedewardt in allem, was sie bisher tat, als Evaluatorin, Weiterbildnerin, Fachschullehrerin, Autorin, Podcasterin, Bloggerin und Beraterin immer ein Ziel verfolgte: die pädagogischen Fachkräfte zum Nachdenken anzuregen und so das Wohl der Kinder in den außerfamiliären Betreuungseinrichtungen ins Zentrum der Aufmerksamkeit zu rücken.

Als Vertreterinnen zweier unterschiedlicher Generationen und trotz all ihrer biografischen Unterschiede verbindet diese beiden Frauen vor allem ihr leidenschaftliches Engagement dafür, die Praxis der Kinderbetreuung zu verändern. Beide stehen für eine **gewaltfreie, achtsame und bedürfnisorientierte Pädagogik.** Es ist immer wieder traurig, damit konfrontiert zu werden, welche Missstände in einzelnen Einrichtungen der Kinderbetreuung herrschen. Und genau deshalb möchten beide aktiv dazu aufrufen, die eigenen Denk- und Verhaltensmuster zu reflektieren.

Anja Cantzler und Lea Wedewardt wissen, dass es –neben der Verbesserung der Strukturbedingungen – nur einen wirkungsvollen Weg gibt, diese Missstände aktiv zu beheben: die **biografische Selbstreflexion.** Beide sind der festen Überzeugung, dass die Auseinandersetzung mit der eigenen Biografie eine Grundvoraussetzung für das Ergreifen eines pädagogischen Berufes sein sollte. Biografiearbeit gehört grundlegend in die Ausbildung pädagogischer Fachkräfte und sollte auch selbstverständlicher Bestandteil jeder Teamarbeit sein.

Dieses Fachbuch leistet einen Beitrag dazu, sich der biografischen Selbstreflexion als pädagogische Fachkraft alleine und gemeinsam im Team anzunähern. Begleitend kann das Workbook genutzt werden. Die darin enthaltenen Übungen wollen dazu einladen, sich analog der Inhalte des Buches selbst zu reflektieren und das eigene Fühlen, Denken und Handeln besser zu verstehen.

Einleitung

Es ist viel schöner, an seinen Stärken zu wachsen als an seinen Schwächen zu verzweifeln. MARGRET CARR

Die Auseinandersetzung mit der eigenen Biografie und die damit verbundene Selbstreflexion gewinnen in der Kindertagesbetreuung **zunehmend an Bedeutung.** Aus entwicklungspsychologischer und neurobiologischer Sicht entwickeln sich Stärken, Ressourcen und Besonderheiten eines Menschen durch die Gesamtheit seiner Erfahrungen und Erlebnisse im Verlauf seines Lebens. Fühlen, Denken und Handeln werden dadurch maßgeblich beeinflusst.

Auch in der Kinderbetreuung haben die biografischen Erfahrungen der pädagogischen Fachkräfte mehr oder minder bewusst **Auswirkungen auf das pädagogische Handeln** im Umgang mit Kindern, Eltern, Kollegen und Kolleginnen. Bedeutsam ist hier, dass jegliches Handeln wiederum Einfluss auf die Identitätsentwicklung des Kindes nimmt und somit Bestandteil dessen Biografie wird. Daher ist es unabdingbar für die Professionalität, sich umfassend mit der eigenen **Lebensgeschichte** und dem damit verbundenen Erleben auseinanderzusetzen.

In der kompetenzorientierten Ausbildung von Erziehern und Erzieherinnen wird dem zunehmend Rechnung getragen, dadurch, dass die **Biografiearbeit im Curriculum** verankert ist. Die Ausbildungspraxis an sich weist jedoch in diesem Punkt immer noch große Lücken auf – nicht zuletzt, weil das konkrete Handwerkszeug und geeignete Methoden fehlen. Die Autorinnen schließen sich hier der Meinung von Anke Elisabeth Ballmann an, die sagt, dass die Biografiearbeit maßgeblich in die Ausbildung gehört, um frühzeitig aufzudecken, wer nicht für diesen Beruf geeignet ist.

Pädagogische Fachkräfte, die bereits in der Ausbildung die biografische Selbstreflexion verinnerlicht haben, werden diese mit größerer Selbstverständlichkeit auch in das weitere Berufsleben integrieren. Die Autorinnen gehen so weit zu fordern, dass eine erste biografische Auseinandersetzung schon zu Beginn der Ausbildung als Eignungsprüfung verankert werden sollte.

Der Begriff **„Biografie"** stammt aus dem Griechischen und bezeichnet die mündliche oder schriftliche Lebensbeschreibung einer Person. Im Unterschied zu einem Lebenslauf geht es dabei nicht nur um die Erfassung aller Daten und deren zeitlichen Abfolge im Leben eines Menschen. Diese Daten und Fakten werden vielmehr dahingehend interpretiert und dargestellt, welche Bedeutung sie für einen Menschen haben (vgl. Miethe 2011, S. 12). Es geht also nicht darum, die eigene Kindheit objektiv korrekt nachzustellen, sondern vielmehr um das Gefühl, das mit Erinnerungen an die eigene Kindheit und einzelne Szenen verbunden ist.

Die **verschiedenen Methoden** der Biografiearbeit bieten vielfältige Möglichkeiten zur professionellen Auseinandersetzung mit der individuellen Lebensgeschichte und der Be- und Verarbeitung lebensgeschichtlicher Ereignisse. Die biografische Selbstreflexion fördert die individuelle **Identitätsfindung** (vgl. Gudjons et al. 2008, S. 16ff.). Durch das Reflektieren und Verstehen der eigenen Lebensgeschichte kann eine Person Ressourcen und Kompetenzen entdecken, was wiederum als Grundlage für die **persönliche Weiterentwicklung** dient.

Es geht darum, „Vergangenes zu erinnern", „Gegenwärtiges zu entdecken", um daraus „Künftiges entwickeln" zu können (vgl. Klingenberger 2003, S. 141ff.). Der Blick in die Vergangenheit ermöglicht, das gegenwärtige

Fühlen, Denken und Handeln besser zu verstehen, einzuordnen und somit andere Bewältigungsstrategien für die Gegenwart an die Hand zu bekommen. Das kann Veränderungsmöglichkeiten für die Zukunft eröffnen.

Reflexionsprozess

- **Erinnern,** was war.
- **Verstehen**, wozu es gut war.
- **Verändern** der erlernten Strategien nach und nach.

Im Wesentlichen benennen Klingenberger und Ramsauer (2017, S. 71f.) ergänzend folgende Ziele der Auseinandersetzung mit Biografien:

- Erlangen einer biografischen **Gestaltungskompetenz;** es geht dabei um die Fähigkeit, die eigene Lebensgeschichte zu überdenken, zu bewältigen und zukunftsorientiert zu gestalten.
- Entwicklung von **Biografizität**; das beinhaltet die Bereitschaft, neue Erfahrungen, neues Wissen und gesellschaftliche Veränderungen mit dem bisherigen Erlebnissen und Erkenntnissen zu verknüpfen und in die eigene Persönlichkeitsentwicklung mit einzubeziehen.
- **Weiterentwicklung der eigenen Persönlichkeit** durch biografisches Bewusstsein; das bedeutet, dass die Auseinandersetzung mit dem eigenen Lebens- und Berufsweg auch auf dem Hintergrund der Endlichkeit des Lebens stattfindet.

Wer sich mit seiner eigenen Lebens- und Berufsgeschichte beschäftigt, sollte überprüfen, mit welcher **Motivation** diese Selbstreflexion im Einzelnen geschieht. In diesem Zusammenhang sind verschiedene Möglichkeiten und gute Gründe zu benennen:

- Einzelne Episoden und Fragmente des eigenen Lebens so zusammenfügen, dass sie nachvollziehbar und verständlich werden
- Erlebte Verletzungen erkennen, um sie ressourcenorientiert im Leben zu integrieren
- Neue Erkenntnisse gewinnen, um sich persönlich weiterzuentwickeln
- Orientierung finden durch die intensive Auseinandersetzung mit dem Ursprung von Werten, Entscheidungen und Sinnvorstellungen
- Neue Berufs- und Lebenswegweichen stellen
- Verborgene Ressourcen (wieder-)entdecken, um gegenwärtige Herausforderungen besser meistern zu können
- Ermutigung bekommen, dass anstehende Veränderungen und Weiterentwicklung sich lohnen
- Gemeinsamkeiten mit anderen, zum Beispiel im Team, entdecken, um sich als Teil einer Gemeinschaft zu erleben
- Bejahung der Berufswahl und des pädagogischen Handelns, um aus ganzem Herzen „Ja“ sagen zu können zu dem, was ist und was kommen wird

Bei aller Tiefe, die mit der biografischen Auseinandersetzung und Selbstreflexion verbunden ist, darf dieses Vorhaben durchaus spielerisch mit viel Lust und Freude angegangen werden. Ziel ist es, **sich selbst zu beobachten** und nicht in Selbstvorwürfe zu verfallen. Frei nach Heinrich Fallner, Coach und Supervisor: „Tiefe muss nicht immer schwer sein“ – sie kann auch Spaß machen, erhellende Momente liefern, eine Bewusstwerdung bewirken und die eigene Kraft spüren lassen.

Interview zum Thema Ausbildung und Auswahlverfahren Podcast: Ein Interview mit Dr. Anke Elisabeth Ballmann, Folge 34

Lea Wedewardt: Der Kita Podcast für bedürfnisorientierte Kinderbetreuung

Online unter: *https://www.beduerfnisorientierte-paedagogik.de/34-anke-elisabeth-ballmann-im-interview-zum-thema-ausbildung-und-auswahlverfahren*

Warum pädagogische Fachkräfte sich mit ihren Kindheitserfahrungen auseinandersetzen sollten, Folge 2

Lea Wedewardt: Der Kita Podcast für bedürfnisorientierte Kinderbetreuung

Online unter: *https://www.beduerfnisorientierte-paedagogik.de/02-warum-paedgogische-fachkraefte-sich-mit-ihren-kindheitserfahrungen-auseinandersetzen-sollten*

1 Relevanz biografischer Selbstreflexion für die pädagogische Arbeit

Das Höchste, wozu der Mensch gelangen kann, ist das Bewusstsein eigener Gesinnung und Gedanken, das Erkennen seiner selbst, welches ihm die Einleitung gibt, auch fremde Gemütsarten innig zu erkennen. JOHANN WOLFGANG VON GOETHE

Die Auseinandersetzung mit der eigenen Biografie und die Reflexion des damit einhergehenden Fühlens, Denkens und Handelns im beruflichen Kontext ist eine wesentliche Grundvoraussetzung für das professionelle Handeln jeder pädagogischen Fachkraft. Die hohe Bedeutung der biografischen Selbstreflexion liegt darin begründet, dass die pädagogische Fachkraft selbst als Person immer auch ihr wichtigstes Werkzeug und ihre wichtigste Intervention darstellt. Sie bringt **sich als ganze Person** mit all ihren Erfahrungen, Erlebnissen und Überzeugungen im Gepäck in die Beziehung zu den Kindern ein (*vgl. Übung 1 im Workbook*).

Die Kinder sind angewiesen auf eine Beziehung, die ihnen Halt, Sicherheit und Orientierung gibt. Ohne diese Sicherheit kommt es zu anhaltendem Stress, der in der Regel dauerhaft zu Schädigungen im kindlichen Organismus führt (vgl. Behncke 2013). Eine sichere und verlässliche Beziehung bildet das Fundament für das emotionale Wohlbefinden eines Kindes. Nur ein Kind, das sich sicher und wohl fühlt, kann sich angst- und stressfrei in seiner Persönlichkeit entfalten. Die pädagogische Fachkraft hat deshalb die Aufgabe, diese sichere Basis feinfühlig und bedürfnisorientiert bereitzustellen.

Stärken und Kompetenzen

An welche positiven und negativen Erlebnisse und Erfahrungen aus meiner Kindheit kann ich mich noch gut erinnern?

Welche Überzeugungen habe ich aus diesen positiven wie negativen Erlebnissen gewonnen?

- Worin bestehen meine Stärken?
- Was fällt mir spontan ein, wo ich mich gerne noch weiterentwickeln würde?
- Wie gut kann ich mich auf mein Bauchgefühl in meiner pädagogischen Arbeit verlassen?
- Was gelingt mir in der Arbeit mit den Kindern schon richtig gut?

Es ist bekannt, dass Kinder durch Nachahmung und in Ko-Konstruktion von den pädagogischen Fachkräften lernen, oder wie Philippa Perry (2021, S. 17) formuliert: „Kinder tun nicht, was wir sagen; sie tun was wir tun." Deshalb ist es so wichtig, die eigenen Handlungen, Gefühle und Reaktionen im Blick zu behalten.

Beispiel

Nachahmung

In der Elternberatung erzählt eine Mutter, dass ihre Tochter recht perfektionistische Züge an den Tag lege. Alles, was sie tut, führt sie gründlich und gewissenhaft aus. Oftmals zerreißt sie ihre gemalten Bilder, weil sie unzufrieden damit war. Die Mutter versichert, dass sie und auch ihr Mann versuchen, ihre Tochter zu bestärken, dass das, was sie tue und wie sie sei, genau richtig und gut ist. Die Tochter fände es trotzdem ganz schrecklich, Fehler zu machen und habe einen sehr hohen Anspruch an sich selbst.

Die pädagogische Fachkraft meint darauf: „Das, was Sie zu Ihrer Tochter sagen, ist das eine; aber das, was Sie selber vorleben, ist das andere." Diese Worte öffnen der Mutter schlagartig die Augen. Bei genauerer Überlegung erkennt sie, dass sie und ihr Mann selbst sehr ehrgeizig und leistungsorientiert sind. Das, was sie also zu ihrer Tochter sagen, widerspricht dem, was sie ihr vorleben. Das Mädchen spiegelt das Verhalten der Eltern und ahmt sie nach.

Die pädagogische Fachkraft ist ebenso ein **Vorbild** und Handlungsmodell für die Kinder. Insbesondere in der heutigen Zeit, in der immer mehr Kinder manchmal bis zu zehn Stunden in den Einrichtungen verbringen, ist dieser Einfluss nicht zu unterschätzen. Eigene Erfahrungen, Einstellungen zu Kindern, Bindungserfahrungen, Konflikterfahrungen und Glaubenssätze – seien sie bewusst oder unbewusst – fließen in die Interaktion mit den Kindern ein. Das Kind ahmt nach, was es bei der Fachkraft beobachtet und erlebt. Die Pädagogin bzw. der Pädagoge hat somit einen unmittelbaren Einfluss darauf, welche Beziehungserfahrungen ein Kind macht, welche Glaubensgrundsätze es verinnerlicht und welche Handlungsstrategien es in den verschiedensten Situationen entwickelt. Pädagogische Fachkräfte nehmen auf diese Weise nachhaltig Einfluss auf die Biografie und die damit verbundene Persönlichkeitsentwicklung des Kindes.

1.1 Der Einfluss der eigenen Biografie auf das professionelle Handeln

Jede pädagogische Fachkraft ist ein Mensch mit einer ganz eigenen Geschichte, eigenen Erfahrungen, eigenen Persönlichkeitsmerkmalen und eigenen Motivationen. Sie trägt ganz persönliche, meist **unbewusste Erfahrungen** über Beziehungen, den Umgang mit Gefühlen, mit Glaubenssätzen und unter Umständen traumatischen Erlebnissen in sich. Wenn eine pädagogische Fachkraft sich dieser Erfahrungen nicht bewusst ist, keinen Blick auf ihre „blinden Flecken“ wirft, besteht die Gefahr, dass diese direkt in der pädagogischen Beziehung wirksam werden.

Sehr gut lässt sich diese Behauptung in Anlehnung an das **Eisbergmodell** (siehe Abbildung S. 20) verdeutlichen. Hier ist das Handeln der pädagogischen Fachkraft anhand von Verhalten, Körperhaltung, Mimik, Gestik, Worten, Stimmlage im Vordergrund und sichtbar. Gespeist wird dieses jedoch von den im Laufe des Lebens entwickelten, nicht sichtbaren Persönlichkeitsanteilen wie zum Beispiel von Normen und Werten, Glaubenssätzen, Beziehungserfahrungen und gegebenenfalls auch unverarbeiteten Traumata.

Der Teil des Eisberges, der unterhalb der Wasseroberfläche liegt, hat ganz unterschiedliche Auswirkungen auf das pädagogische Handeln. Eine pädagogische Fachkraft, die in einem guten Kontakt zu den **Prägungen aus ihrer eigenen Vergangenheit** steht, kann diese mit ihrem Handeln im Hier und Jetzt reflektiert in Zusammenhang bringen und bleibt so auch in herausfordernden Situationen handlungsfähig. Bei Fachkräften, die **weniger gut im Kontakt** mit ihrer Vergangenheit sind, bei denen die Erfahrungen und Erlebnisse nicht aufgearbeitet und integriert wurden, können Konflikte oder Gefühle triggern (siehe Kapitel 4.2) und die Beziehung zum Kind stören.

Das Eisbergmodell

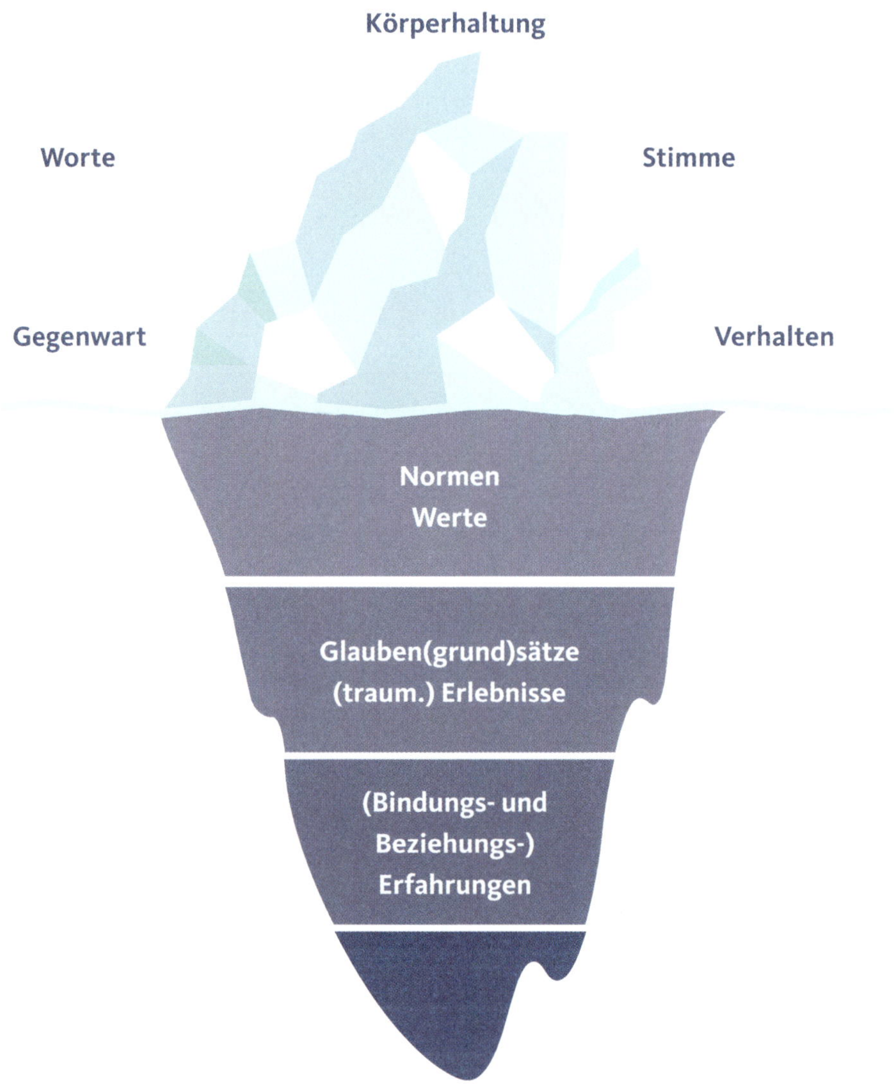

1.2 Die Sache mit dem Bauchgefühl

Eine weit verbreitete Annahme in der Pädagogik lautet: „Hör doch einfach auf dein Bauchgefühl, dann wird das schon richtig sein." Vor dem Hintergrund, dass viele **prägenden Erfahrungen** und Erlebnisse aus der Vergangenheit oftmals unbewusst und somit unreflektiert das Fühlen, Denken und Handeln beeinflussen, lässt sich aus psychologischer Sicht sagen, dass das Bauchgefühl nicht immer die günstigsten Strategien vorhält. Traumatische Erfahrungen, Trigger (siehe Kapitel 4) und unbewusste Glaubenssysteme (siehe Kapitel 8) führen zu verinnerlichten Prägungen, aus denen heraus sich im Gehirn bestimmte Handlungsmuster abspeichern. In den unterschiedlichsten Situationen, vor allem dann, wenn es stressig wird oder schnell gehen muss, greift unser Gehirn automatisch auf die ihm bekannten Handlungsmuster zurück. Diese sind für die feinfühlige Begleitung von Kindern jedoch nicht immer sinnvoll.

Beispiel

Bauchgefühl

Fachkraft Anne möchte den zweijährigen Lutz wickeln und kündigt an: „Lutz, ich wickel dich gleich." Als sie ihn hochnimmt, macht er seinen Körper ganz steif und ruft laut: „Nein!" Anne reagiert aus ihrem Bauchgefühl heraus und setzt ihn trotzdem gegen seinen Willen auf den Wickeltisch. Ihr Glaubenssystem sagt ihr, dass Kinder hören müssen und sie sich als Erwachsene durchsetzen muss. Ihr Bauchgefühl ist in diesem Moment der Autonomieentwicklung des Kindes nicht dienlich und verhindert die Anwendung alternativer Handlungsstrategien.

In unserem Beispiel basiert das automatisierte Handlungsmuster der Fachkraft auf einem Glaubenssatz aus ihrer Vergangenheit, der dem Ansatz der autonomie- und bedürfnisorientieren Pädagogik entgegensteht. Philippa Perry beschreibt das sehr anschaulich in ihrem Werk „Das Buch, von dem

Du Dir wünschst, Deine Eltern hätten es gelesen", das viele Situationen enthält, in denen Erwachsene genau die Worte oder das Verhalten der eigenen Eltern wiederholen (vgl. Perry 2021, S. 18).

Perry verweist darauf, dass dieses intuitive Handeln auch hilfreich sein kann, wenn sich die daraus resultierenden eigenen verinnerlichten Handlungsmuster auf positive Erfahrungen in der eigenen Kindheit stützen. Bei vielen Menschen ist ihr Handeln jedoch auch auf schmerzliche und **unverarbeitete Erfahrungen** und Erlebnisse zurückzuführen. In diesen Momenten ist die Fachkraft dann nicht mehr bei dem Kind und seinen Bedürfnissen, sondern agiert aus ihren mit Wut, Trauer und Angst verbundenen Verletzungen heraus. Die Fachkraft wird in Situationen, die eine negative Erinnerung hervorrufen, von starken Emotionen überschwemmt und reagiert mit ihren basalsten Handlungsstrategien aus der frühen Kindheit. Doch ist es schwer, die Gefühle der Kinder zu spiegeln, wenn einen die eigenen Gefühle überschwemmen. Der Kontakt und die Verbindung zum Kind brechen schließlich für diesen Moment ab, und es kann keine emotionale Unterstützung mehr vonseiten der Fachkraft gewährleistet werden. Aus der Bindungsforschung ist bekannt, dass eine Person in stressigen Momenten in aller Regel auf ihre innersten, **bekanntesten Handlungsstrategien** zurückgreift (Fonagy & Target 2003), auch wenn sie, rational gesehen, diese Handlung nie gutheißen würde. Unter Druck verhält sie sich so, wie sie es viele Jahre in ihrer Kindheit gelernt hat.

Dieses Phänomen lässt sich auch **neurowissenschaftlich begründen.** In emotional aufgeladenen Momenten ist das limbische System (Amygdala) aktiv, und der Mensch wird so stark von seinen Emotionen überflutet, dass er nicht mehr planvoll, überlegt und kontrolliert handeln kann. Wenn eine Fachkraft in ihrem Leben bereits viele schmerzhafte Erfahrungen machen musste, speichern sich diese als unbewusste (implizite) Erfahrungen, gekoppelt an explosive Emotionen, im Unterbewusstsein ab und kommen dann zum Vorschein, wenn eine ähnliche Situation die Erinnerung zutage treten lässt.

Beispiel

Automatische Gefühlsreaktion

Die Kinder sitzen beim Essen. Einige sind bereits fertig und werden zunehmend unruhig. Andere nehmen sich noch ein weiteres Mal nach. Fachkraft Beate merkt, wie sie selbst immer angespannter und unruhiger wird. Nach einer Weile poltert sie los: „Könnt ihr nicht mal langsam fertig werden? Ihr haltet den ganzen Betrieb auf." Im Nachhinein ist sie selbst sehr erschrocken über ihren heftigen Ausbruch, der ihr bei genauerer Betrachtung nicht verhältnismäßig erscheint. Bei der Reflexion der Situation wird deutlich, dass sie von Gefühlen überflutet wurde, die in ihrer Kindheit verankert sind. Sie war selbst ein Kind, das gerne langsam und gemütlich aß. Am elterlichen Tisch wurde diesem Bedürfnis jedoch wenig Beachtung geschenkt. Vielmehr ging es darum, fertig zu werden und dann die weiteren Pflichten zu erledigen. Beim Mittagessen in der Kita holte sie dann genau dieses Erleben wieder ein, da sie in diesem Augenblick die anstehenden Aufgaben vor Augen hatte und durch die Unruhe der anderen Kinder getriggert (siehe Kapitel 4.2) wurde.

Verschiedene Studien über Traumatisierungen, Delinquenz und Gewalt zeigen, dass es darüber hinaus eine **transgenerationale Weitergabe** von Handlungsstrategien in Eltern-Kind-Beziehungen gibt (vgl. Rauwald 2020; Schulze 2020; Loch 2007). Das bedeutet: Wird der Ursprung der einzelnen Handlungsstrategien nicht reflektiert und damit der erste Schritt in Richtung Veränderung getan, können die schmerzhaften Erfahrungen und die damit verbundenen schädlichen Handlungsmuster von Generation zu Generation weitergegeben werden.

Es gibt keine Studien dazu, ob auch durch pädagogischen Fachkräfte eine transgenerationale Weitergabe von schmerzhaften Erfahrungen möglich ist. Dennoch sollte die potenzielle Möglichkeit Grund genug sein, mit dazu beitragen zu wollen, den Kreislauf einer transgenerationalen Weitergabe durch Reflexion zu durchbrechen und sich **nicht unreflektiert** nur auf das Bauchgefühl zu verlassen.

Prägende Erlebnisse und Ereignisse

- An welche besonderen Erlebnisse und Ereignisse aus meiner Kindheit kann ich mich noch gut erinnern?
- Inwieweit haben diese Erlebnisse und Ereignisse Einfluss auf mein pädagogisches Fühlen, Denken und Handeln?

1.3 Veränderungen brauchen Zeit und Wiederholung

Im vorangegangenen Kapitel haben wir bereits Fachkraft Beate kennengelernt und an ihrem Beispiel erfahren, wie schwer es manchmal sein kann, trotz besserem Wissen in der ein oder anderen Situation professionell und angemessen zu handeln. Beate ist zwar aufgrund der Reflexion in Kontakt mit dem Ursprung ihres Handelns gekommen und hat sich vorgenommen, künftig anders zu handeln und ihren inneren Druck nicht an den Kindern auszulassen. Doch trotz dieser Erkenntnis fällt ihr der Vorsatz in den kommenden Wochen nicht immer ganz leicht, und das ein oder andere Mal erwischt sie sich auch dabei, dass sie wieder ungeduldig wird und mit den Kindern schimpft. Im Nachhinein ist sie dann frustriert und enttäuscht von sich selbst.

Zur Beruhigung: Das ist **ganz normal** und tritt immer wieder auf. Wie schwer eine Veränderung sein kann, wollen wir an einer kleinen, einfachen Übung verdeutlichen:

Falte, ohne lange zu überlegen, deine Hände so, dass sich die Finger der beiden Hände abwechseln. Dann schaue, ob bei dir der linke oder der rechte Daumen oben liegt. Die Positionen der anderen Finger ergeben sich automatisch.

Nun nimm die Hände wieder auseinander und falten sie anschließend bewusst so, dass der andere Daumen obenauf liegt und sich hierdurch die Reihenfolge der Finger verändert. Wie fühlt sich das an? Ungewohnt, komisch, schief, falsch?

Offensichtlich hat jeder Mensch eine unbewusste Präferenz für eine der beiden möglichen Positionen und erfährt ein sonderbares Gefühl der „falschen Reihenfolge", wenn er oder sie testweise die ihm oder ihr ungewohnte Seite forciert.

Wenn du nun die Hände wieder auseinandernimmst, einen Moment wartest und dann die Hände, ohne zu überlegen wieder zusammenlegst, ist die Wahrscheinlichkeit groß, dass die Hände sich nun wieder in der zuerst gewählten Position befinden.

Obwohl Menschen ihre Prägungen regelmäßig und zum Teil jahrelang reflektieren, handeln sie oftmals weiter aus ihren **tief verankerten Programmen** heraus. Stefanie Stahl (2015, S. 62) stellt fest: „Man kann gar nicht überschätzen, wie tief diese Programmierungen sitzen …" Die Verschaltungen im Gehirn sind zu stark für die eine Strategie ausgeprägt, sodass eine Veränderung nur mit viel Übung und Hartnäckigkeit möglich ist. Umso wichtiger ist es, genau diese Situationen **regelmäßig zu reflektieren** und herauszufinden, wann diese Programmierung automatisiert abläuft.

Liegt unser Fokus jedoch zu sehr auf der Vergangenheit, werden wir Künstler des Vergangenen, aber nicht für die Zukunft. Da das Gehirn ein nutzungsabhängiges Organ ist, entwickelt es sich entsprechend der „genutzten" Gedanken, Gefühle und Handlungen weiter. Auch im Erwachsenenalter ist es also möglich, neue zwischenmenschliche Erfahrungen zu machen und **neue Nervenverbindungen** wachsen zu lassen.

Oftmals ist der erste Schritt schon dadurch getan, dass die Fachkraft in der Situation erkennt, dass sie gerade von ihren Gefühlen überflutet wird und alte Handlungsmuster anspringen. Dann kann sie die innere Stopp-Taste drücken, tief durchatmen und sich damit selbst beruhigen. Durch häufiges Üben gelingt es immer besser, die Reaktion nach dem Reiz etwas auszudehnen und in diesem Raum der Entscheidung auf die neuen Handlungsstrategien zurückzugreifen.

Dazu ist es notwendig, herauszufinden und zu formulieren, wie das **veränderte Verhalten** aussehen könnte. Durch Visualisierungen (vor dem geistigen Auge vorstellen) werden die veränderten Handlungsstrategien zunehmend verinnerlicht. Die konkreten Visualisierungen führen dann durch die stetigen Wiederholungen zu nachhaltigen Veränderungen im Gehirn. Und nach und nach gelingt es, die alte Programmierung zu überschreiben.

Der Veränderungsprozess in Stufen

Erkennen: Störendes, verletzendes, verunsicherndes, starke Gefühle auslösendes, Selbstzweifel bildendes Verhalten wird bemerkt.

1. **Verstehen:** Es wird versucht, eigene erkannte, störende Verhaltensweisen in einen biografischen Zusammenhang zu bringen und die damalige Schutzfunktion zu begreifen.
2. **Neue Strategien entwickeln:** In einem kreativen Prozess, vielleicht auch gemeinsam mit einer vertrauten Person, können neue Strategien entworfen werden.
3. **Einüben:** Danach kommt der herausforderndste Teil – das Einüben der neuen Strategien. Je festgefahrener die Strategien sind, desto anstrengender, kraft-, zeit- und nervenaufreibender ist der Prozess. Dabei ist es wichtig, den Mut nicht zu verlieren und dranzubleiben.

In jedem Fehler steckt ein Helfer!

Im Veränderungsprozess sollte die Fachkraft ihre „Fehler“ als Helfer begrüßen und nicht in Selbstvorwürfe verfallen. Es gibt einfach Tage, an denen es auch aufgrund äußerer Belastungen schwerfällt, gesunde Strategien zu nutzen. Und es sollte nicht das Ziel sein, immer alles „richtig“ zu machen. Wichtig ist jedoch, dass auch an solchen Tagen nicht die Kinder dafür verantwortlich gemacht werden, wenn die Fachkraft einmal verletzend handelt, sondern der Auslöser in ihr selber zu finden und sie selbst für ihr Denken, ihre Gefühle und ihr Handeln verantwortlich ist.

Cantzler, A.: Die Räume der Veränderung nach M. Pohl.
Online unter: *https://coaching-cantzler.de/2020/04/22/die-raume-der-veranderung-nach-m-pohl/*

Exkurs

GESCHICHTE: VERÄNDERUNG BRAUCHT ZEIT

1. Szene:

Ich gehe eine Straße entlang.

Da ist ein Loch im Gehsteig.

Ich falle hinein.

Ich bin verloren … Ich bin ohne Hoffnung.

Es ist nicht meine Schuld.

Es dauert endlos, wieder herauszukommen.

2. Szene:

Ich gehe dieselbe Straße entlang.

Da ist ein tiefes Loch im Gehsteig.

Ich tue so, als sähe ich es nicht.

Ich falle wieder hinein.

Ich kann nicht glauben, schon wieder

am gleichen Ort zu sein.

Aber es ist nicht meine Schuld.

Immer noch dauert es lange, herauszukommen.

3. Szene:

Ich gehe dieselbe Straße entlang.

Da ist ein tiefes Loch im Gehsteig.

Ich sehe es.

Ich falle immer noch hinein … aus Gewohnheit.

Meine Augen sind offen.

Ich weiß, wo ich bin.

Es ist meine eigene Schuld.

Ich komme sofort heraus.

4. Szene:

Ich gehe dieselbe Straße entlang.

Da ist ein tiefes Loch im Gehsteig.

Ich gehe darum herum.

5. Szene:

Ich gehe eine andere Straße.

QUELLE: PESESCHKIAN 2003, S. 9

2 Die Haltung als Ausdruck pädagogischer Professionalität

Die Ehrfurcht vor der Vergangenheit und die Verantwortung gegenüber der Zukunft geben fürs Leben die richtige Haltung.

DIETRICH BONHOEFFER

Haltung ist in den letzten Jahren zu einem zentralen Begriff für professionelles Handeln in der Praxis geworden. Dabei geht es im Wesentlichen um die Verbindung von **Reflexions- und Wissenschaftswissen** zu bewusst anwendbarem **Handlungswissen.**

Haltung ist zunächst einmal ein offener Begriff; das bedeutet, dass Haltung an sich nicht per se „gut" oder „schlecht" ist. „Man kann nicht keine Haltung haben. Man hat immer eine Haltung. Die Frage ist, ob die Haltung in der jeweiligen Situation zieldienlich ist" (vgl. Pädagogik-Talk 03, 2016).

Alles, was eine Fachkraft tut, basiert demnach auf einer Haltung. In dieser Haltung spiegelt sich ihre **Einstellung zu sich selbst und zu anderen** im Kleinen und im großen Ganzen.

In der professionellen Haltung im Rahmen der Kinderbetreuung gilt es, zweierlei Haltungsebenen miteinander in Einklang zu bringen: zum einen die Haltung, die die Fachkraft aufgrund der eigenen Erlebnisse und Erfahrungen verinnerlicht und als Routine übernommen hat, und zum anderen die Haltung, die sie aufgrund von theoretischem Wissen **kritisch reflektiert** hat (vgl. Stricker u.a. 2020).

Folgende Elemente bilden das Herzstück der professionellen Haltung und des damit verbundenen professionellen Handelns in der Kinderbetreuung (vgl. Tschöpe-Scheffler 2014, S. 29ff.):

- die pädagogische Fachkraft als „Nichtwissende" und „Lernende"
- die Kompetenz, mehrdeutige Situationen und widersprüchliche Handlungsweisen auszuhalten und zuzulassen (Ambiguitätstoleranz)
- Orientierung am Individuum
- selbstgesteuertes, entdeckendes und erfahrungsorientiertes Lernen ermöglichen
- das Prinzip der Gleichwürdigkeit
- die Pädagogik des Innehaltens und Abwartens
- Fehlerfreundlichkeit
- Prozessorientierung (Der Weg ist das Ziel)
- Partizipation
- Vertrauen als Basis
- Selbstwirksamkeit

Im beruflichen Zusammenhang sind eine professionelle Haltung und professionelles Handeln zurecht zu erwarten. Um eine entwicklungsförderliche und bedürfnisorientierte Haltung herauszubilden und weiterzuentwickeln, ist daher eine regelmäßige Selbstreflexion unerlässlich.

2.1 Die Einstellung zur Kinderbetreuung vergegenwärtigen

Eine wichtige Grundvoraussetzung für das professionelle Handeln einer Fachkraft im Umgang mit den Kindern und in der Zusammenarbeit mit den Eltern ist die Vergegenwärtigung der persönlichen Einstellung zur Kinderbetreuung. In Krippe, Kita und Kindertagespflege trifft die pädagogische Fachkraft nahezu zwangsläufig auf die unterschiedlichsten Beweggründe, warum Familien ihre Kinder außerfamiliär betreuen lassen.

Beispiel

Familiäre Prägung als Schlüssel zur eigenen Einstellung

Fachkraft Anna arbeitet in der Krippe. In der Eingewöhnung kümmert sie sich liebevoll vor allem um die Kinder unter zwei Jahren. Ihr tun diese „Kleinen" sehr leid, weil sie schon so früh die Krippe besuchen müssen. Sie kann nicht nachvollziehen, warum Eltern überhaupt Kinder bekommen, um sie dann außerfamiliär betreuen zu lassen.

Ihre Kollege Tom sieht das ganz anders. Er findet es gut, dass Eltern professionelle Unterstützung bekommen und somit frei entscheiden können, ob und ab wann sie ihr Kind in eine Kinderbetreuung bringen.

Bei einem längeren Gespräch zwischen den beiden stellt sich heraus, dass Anna aus einer behüteten Familie stammt. Ihre Mutter war nie berufstätig. Sie hat sich voll und ganz der Erziehung Kinder gewidmet. Anna ist aus ihrer Familie die erste Frau, die einem Beruf nachgeht. Auf Familientreffen muss sie sich oft dafür rechtfertigen, dass sie in der Krippe arbeitet. Die generelle Einstellung in Annas Familie lautet, dass Frauen doch wahre „Rabenmütter" sein müssten, wenn sie ihre Kinder so früh in einer Kindertagesstätte betreuen lassen. Tom ist ganz anders sozialisiert. Er wuchs vor der Wende in Ostdeutschland auf. Seine Mutter war berufstätig, und Tom besuchte mit seiner Schwester eine Krippe. In seiner Familie wurde nie hinterfragt, ob es nun gut oder schlecht sei, ein Kind unter drei Jahren außerfamiliär betreuen zu lassen. Das war normal. Tom begegnet den Kindern und Eltern in der Krippe mit großer Neugierde und Offenheit, ohne Mitleid oder Vorverurteilung.

Am Beispiel von Anna und Tom wird deutlich, wie wichtig es ist, sich mit der **eigenen Sozialisierung** auseinanderzusetzen. Die in der Kindheit erlebte Betreuung in Verbindung mit der gelebten Einstellung der Eltern beeinflusst maßgeblich das Fühlen, Denken und Handeln der beiden Fachkräfte. Erst durch den Dialog wird beiden bewusst, wie stark ihre Erfahrungen sie geprägt haben.

Das Verhalten von Anna ist ein nicht selten beobachtbares Konfliktmuster bei Fachkräften, das dadurch entsteht, dass familiär erlebte Rollenmuster und damit einhergehende Einstellungen zur Erziehung bzw. zur Kleinkindbetreuung von den Fachkräften unreflektiert übernommen werden (vgl. Musiol 2002, S. 288). Daher ist es sehr wichtig, sich näher mit der eigenen Haltung zur außerfamiliären Kinderbetreuung und deren Ursprüngen zu beschäftigen. Annas und Toms Erfahrungen aus der Kindheit führen zu ganz **unterschiedlichen Einstellungen**, die ihr professionelles Fühlen, Denken und Handeln beeinflussen.

In der Weiterbildungspraxis zeigt sich, dass der Widerstand gegen die außerfamiliäre Kinderbetreuung oftmals zunimmt, je jünger die zu betreuenden Kinder sind. Diese Haltung „dreht sich" dann häufig, wenn das Kind später im letzten Jahr vor der Einschulung die Kita besucht. Dieses letzte

Kita-Jahr ist in aller Regel gesellschaftlich akzeptierter als die außerfamiliäre Kinderbetreuung in den ersten drei Lebensjahren. Unmittelbar vor der Schule hat die Kinderbetreuung die anerkannte Aufgabe, das Kind darauf vorzubereiten. Weitere Faktoren, die häufig als Gegenargument für die frühe Kinderbetreuung benannt werden, sind zu große Gruppen, zu wenig Personal und eine belastende Lautstärke in der Kita.

Die persönliche **Haltung** zur außerfamiliären Kinderbetreuung speist sich demzufolge aus **drei wesentlichen Quellen:**

- den tatsächlich **erlebten Lebens- und Familienverhältnissen** (z.B. geprägt durch die soziale Herkunft und das Aufwachsen in bestimmten Familienmodellen und -konstellationen)
- der **Weitergabe von Bewertungen** durch die engsten Bindungspersonen von Generation zu Generation
- den übernommenen **gesellschaftlichen Tradierungen und Grundannahmen,** zum Beispiel, dass ein Kind unter drei Jahren in die Obhut der Mutter gehört
- Diese drei Quellen vermischen sich oftmals und sind nicht immer klar voneinander abzugrenzen (*vgl. Übung 2 im Workbook*).

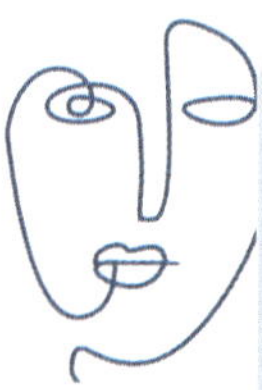

Haltung

- Was macht das Herzstück meiner pädagogischen Haltung aus?
- Welche der drei Ursprungsquellen
- die tatsächlich erlebten Familien- und Lebensverhältnisse
- die transgenerationale Weitergabe von Bewertungen
- die gesellschaftlichen Tradierungen und Grundannahmen beeinflusst meine pädagogische Haltung am offensichtlichsten?

2.2 Die wahre Motivation ergründen

Es gibt die unterschiedlichsten Geschichten, warum sich Menschen für den Beruf als Erzieher und Erzieherin entschieden haben. Nicht jeder und jede kommt direkt nach Abschluss der Schule zu seiner Berufswahl, manche probieren zuvor erst andere Ausbildungs- und Berufswege aus. Oftmals sind die **positiven Erfahrungen im Kontakt mit Kindern** ein wesentlicher Ausgangspunkt, pädagogische Fachkraft in Krippe, Kita und Kindertagespflege zu werden. Und nicht selten spielt das soziale Umfeld, Familie, Freunde und Freundinnen oder Lehrkräfte, eine entscheidende Rolle. Praktika im sozialen Bereich festigen diese Tendenzen dann entsprechend.

Konkret befragt (Knauf 2009), behauptet der größte Teil der angehenden pädagogischen Fachkräfte von sich, genau zu wissen, warum sie den Beruf ergriffen haben. Häufige Antworten lauten: „Ich will/wollte etwas mit Kindern machen", „Ich möchte mit Menschen arbeiten", „Man kann Kindern so viel beibringen", „Kinderaugen strahlen einen immer so freundlich an", „Kinder sind immer so ehrlich", „Kinder geben mir so viel", „Kinder bereiten mir einfach viel Freude". Interessanterweise wiederholen sich diese Antworten auch bei Fachkräften, die schon länger im Beruf sind.

Bei näherer Betrachtung steckt jedoch viel mehr hinter diesen Motiven. In der Selbstreflexion ist es deshalb unumgänglich, sich mit den **innersten und oftmals unbewussten Antreibern,** die einen zu einem pädagogischen Beruf motivieren, näher zu beschäftigen. Im Kern geht es auch hier um tief verankerte Bedürfnisse, die beachtet und erfüllt werden wollen.

Motivation der Berufswahl

- Warum habe ich den Beruf zum Erzieher/zur Erzieherin gewählt?
- Warum möchte ich mit Kindern arbeiten?
- Was bedeutet für mich die Arbeit mit Kindern?
- Was hat meine Berufswahl mit mir als Person zu tun?

Mögliche Motive für die Berufswahl

Das **Bedürfnis nach Fürsorge und versorgt werden** ist eine Motivation, die sich darin äußert, dass die Fachkraft ein gutes Gefühl hat, wenn sie sich um andere kümmern kann und von anderen gebraucht wird. Das Motiv ist also altruistisch. Ein weiterer Antreiber kann der Wunsch nach **Zuwendung und (körperlicher) Nähe** sein. Die Fachkraft genießt es in diesem Fall, mit den Kindern zu kuscheln und ihnen ganz nah zu sein.

Nicht selten verbirgt sich die Sehnsucht nach **Ehrlichkeit und vertrauen können** dahinter, wenn eine Fachkraft besonders betont, dass Kinder „immer so authentisch und ehrlich sind". Kinder sind aufmerksame Zuhörer, interessiert und geben dem Erwachsenen schnell das Gefühl, viel zu wissen und viel zu können. Es gibt Fachkräften unter Umständen ein gutes Selbstwertgefühl, sich in dieser **Rolle des Lehrenden und Wissenden** zu fühlen.

Die pädagogische Fachkraft ist als Erwachsene den Kindern, körperlich und intellektuell betrachtet, in jedem Fall überlegen. Sie kann über Kinder bestimmen, sagen, was diese zu tun und zu lassen haben. Einzelne Fachkräfte empfinden in diesem **machtvollen Handeln** das Gefühl, die Kontrolle bewahren und Herr(in) der Lage sein zu können. Der Grund für die Berufswahl ist hier ein Machtmotiv.

Wieder andere empfinden ein gutes Gefühl, wenn sie von den Kindern **Respekt und Anerkennung** erwarten und verlangen können. Manche Fachkraft befindet sich selbst in einer eher **traurigen und depressiven Stimmung.** Durch das Zusammensein mit den Kindern erlebt sie jedoch Fröhlichkeit und Leichtigkeit. Die Unbeschwertheit der Kinder heitert sie auf.

Schließlich sind viele pädagogische Fachkräfte auf der Suche nach sich selbst. Hierbei geht es im Kern um die **Versöhnung mit dem inneren Kind.** Es steht das Bedürfnis im Vordergrund, die eigene Kindheit so anzunehmen und in das eigene Leben zu integrieren, dass mit dem Mangelerleben aus früheren Jahren Frieden geschlossen werden kann.

Motivationsgründe für die Berufswahl

- Fürsorge und versorgt werden
- Zuwendung und (körperliche) Nähe
- Ehrlichkeit und vertrauen können
- Rolle der Lehrenden und Wissenden
- Machtvolles Handeln
- Respekt und Anerkennung
- Versöhnung mit dem inneren Kind

Die Auseinandersetzung mit den eigenen Berufswahlmotiven kann ein überraschtes Wiedererkennen oder auch einen inneren Widerstand auslösen. So oder so kann sie darauf hinweisen, dass die möglichen Antreiber das Unbewusste der einzelnen Fachkraft berühren.

Doch die Erfüllung dieser eigenen Bedürfnisse sollte nicht das Hauptmotiv für die Tätigkeit als pädagogische Fachkraft sein. Diese Erfüllung darf höchstens „eine schöne Begleiterscheinung sein", so Sarah Bohnes in einem Podcastinterview mit Lea Wedewardt (*vgl. Der Kita Podcast, Folge 14*).

Ganz wichtig: Es geht hier nicht darum, die beschriebenen Motivationen abzuwerten. Es ist völlig normal, eines oder mehrere der Motive in sich zu tragen. **Es ist menschlich,** mächtig sein zu wollen, sich durch Kinder aufheitern zu lassen, sich durch Kinder einen Sinn zu geben und sich eigene Bedürfnisse mithilfe der Kinder zu erfüllen. Im Kern braucht auch jeder Erwachsene Möglichkeiten, seinen Selbstwert zu erhalten oder zu erhöhen. Jeder Mensch ist auf seine ganz eigene Art und Weise bedürftig und braucht Bestätigung, Wertschätzung und Anerkennung. Hier geht es im Wesentlichen darum, die **Selbsterkenntnis als Chance** zu nutzen, damit bestimmte, schädigende Verhaltensmuster nicht unreflektiert fortgesetzt und weitergegeben werden.

Damit die Kinder nicht zu „Marionetten" werden, die die unerfüllten Bedürfnisse der Fachkräfte befriedigen, gilt es, den wahren Motiven auf den Grund zu gehen. Dafür wurden Reflexionsfragen zusammengestellt, die dazu einladen, sich auf Spurensuche zu begeben. Denn nur eine Fachkraft, die sich ihrer eigentlichen Motive und Bewältigungsstrategien bewusst ist, kann die Bedürfnisse der Kinder erkennen, deren Grenzen wahren und sie von ihren eigenen abgrenzen. Eine solche Fachkraft handelt dann feinfühlig und im Sinne der Bedürfnisse der Kinder.

Bedürfnisse pädagogischer Fachkräfte

- Wie bedürftig bin ich momentan selbst?
- Was erwarte ich von den Kindern?
- Was sollen die Kinder mir geben?
- Was und wieviel kann ich den Kindern momentan geben?
- Wie stabil und gewachsen bin ich selbst momentan in meiner Persönlichkeit?

Bereits in der Ausbildung gehört es grundlegend dazu, sich mit der eigenen inneren Motivation zu beschäftigen. Die (biografische) Selbstreflexion sollte von Anfang an zum Handwerkszeug jeder angehenden pädagogischen Fachkraft gehören.

Reflexionsfragen (nicht nur) für Auszubildende und Studierende

- Was brauche ich, um mich gut mit mir selbst zu fühlen?
- Welche Stärken habe ich? Welche Stärken kann ich erkennen?
- Wie kann ich dafür sorgen, mich unabhängig zu fühlen?
- Habe ich die Möglichkeit, mich selbstwirksam zu fühlen?
- Gibt es ein empathisches Gegenüber, das mir zuhört?
- Bei wem finde ich die Unterstützung, die ich brauche?

Podcast: Warum werde ich Erzieher*in und was hat der Berufswunsch mit mir selbst zu tun? – Ein Interview mit Sarah Bohnes, Folge 14

Lea Wedewardt: Der Kita Podcast für bedürfnisorientierte Kinderbetreuung

Online unter: *https://www.beduerfnisorientierte-paedagogik.de/14-warum-werde-ich-erzieherin-und-was-hat-der-berufswunsch-mit-mir-selbst-zu-tun-ein-interview-mit-sarah-bohnes*

2.3 Eigene Werte und Normen erkennen

Werte sind zunächst einmal allgemeine, kollektiv geteilte Vorstellungen darüber, was die Mitglieder einer Gesellschaft für wünschenswert erachten. Sie dienen der pädagogischen Fachkraft als Orientierung für die eigene Einstellung und als „Regulierer" des Denkens, Fühlens und Handelns im Umgang mit den Kindern, Eltern und anderen Mitarbeitenden.

Wertearten

- Persönliche Werte: alles das, was man an jemand anderem schätzt
- Materielle Werte: Geld, Macht und Eigentum
- Geistige Werte: Weisheit und Wissen
- Religiöse Werte: Glaube
- Sittliche Werte: Ehrlichkeit

(vgl. Franzke & Unterlinner 2007)

Werte entstehen im Wesentlichen durch die **Sozialisationsprozesse in der frühen Kindheit.** Sie entwickeln sich im Wechselspiel der sozialen Umwelt und der eigenen Persönlichkeit. **Normen** sind von Menschen gemacht, werden aufrechterhalten, verändert und/oder abgeschafft sowie aus bestehenden Werten abgeleitet. Es handelt sich um verhaltensorientierte Regeln, die festlegen, was in einer bestimmten Situation eine angemessene, sozial akzeptierte und erwartete Verhaltensweise ist. Durch Normen werden Handlungsentscheidungen gelenkt und beeinflusst. Normen sind verpflichtend und führen bei Nichteinhaltung zu Missbilligung und Sanktionen.

Jeder Mensch wird **durch Werte und Normen beeinflusst.** Eine Tatsache, die, ähnlich wie die Einstellung zur Kinderbetreuung oder die Motivation für die Berufswahl, nicht immer bewusst ist. Als pädagogische Fachkraft ist die Vermittlung von Werten und Normen ein Teil ihrer pädagogischen Aufgabe. Deswegen ist es so wichtig, sich mit den eigenen Werte- und Normvorstellungen auseinanderzusetzen.

Beispiel

Werte reflektieren

Fachkraft Anna fordert die Kinder einer Krippengruppe im Laufe des Tages immer wieder dazu auf, dort, wo sie gespielt haben, aufzuräumen. Sobald die Kinder ihren Spielplatz verlassen, um woanders weiterzumachen, unterbricht sie deren Aktivität mit dem Apell erst einmal aufzuräumen. Ihre Kollegin Tine hält das ganz anders. Sie lässt die Kinder weiterspielen. Wenn es zu unordentlich wird, räumt sie selbst die Spielsachen weg. Anna ärgert das Verhalten von Tine, weil sie findet, dass die Kinder dann nie lernen würden, aufzuräumen.

Hinter dem Verhalten von Anna versteckt sich der tief verwurzelte Wert der Ordnung. Sie kommt aus einem Elternhaus, wo der Grundsatz galt: „Ordnung ist das halbe Leben." Ihre Eltern haben immer viel Wert auf Ordnung gelegt, und auch bei Anna zu Hause ist es immer aufgeräumt und alles hat seinen festen Platz. Für Tine hat „Ordnung" nicht den gleichen Stellenwert. Ihr ist die selbsttätige Spielfreude der Kinder wichtiger als das Aufräumen.

Das Beispiel verdeutlicht, wie wichtig es gerade in der Zusammenarbeit im Team ist, sich auf bestimmte Werte zu verständigen und abzuwägen, was die Kinder für ihre Entwicklung tatsächlich benötigen. Dafür brauchen Fachkräfte Differenzierungsfähigkeit, inwieweit es sich bei ihren Werten um persönliche Werte oder um berufliche Werte handelt. Im Hinblick auf die beruflichen Werte ist dann im Team zu klären, ob es sich hierbei um **im Team abgesprochene Werte** und Normen handelt oder die eigenen Maßstäbe generalisiert werden.

Für die einzelne pädagogische Fachkraft ist es auf jeden Fall wertvoll, die eigenen **Werte zu benennen und abzugleichen,** inwieweit es sich hier um eher persönliche oder beruflich relevante Werte handelt. In einem weiteren Schritt geht es darum, zu überlegen, wodurch diese Werte für Kinder, Eltern und Team spürbar werden. In unserem Beispiel zeigt sich durch die wiederholte Aufforderung zum Aufräumen Annas Wert der „Ordnung". Tines Wert „Spielfreude der Kinder" ist daran ablesbar, dass sie die Kinder ihre Interessen weiterverfolgen lässt.

Ein weiterer Reflexionsfokus besteht darin, herauszufinden, inwieweit die einzelnen Werte für das Denken, Fühlen und Handeln in der pädagogischen Arbeit eher **förderlich oder hinderlich** sind. Auf das Beispiel bezogen ist Annas Wert für den Spielfluss der Kinder hinderlich, Tines Wert wirkt in dieser Situation dagegen eher unterstützend. In anderen Situationen kann das jedoch ganz anders aussehen. Immer dann, wenn sich Werte als eher hinderlich für die pädagogische Arbeit herausstellen, muss sich eine pädagogische Fachkraft zumindest im beruflichen Kontext davon verabschieden. Im Workbook gibt es Impulse zum Aufspüren und Reflektieren der eigenen Werte.

Blogartikel

Cantzler, A.: Werte erkennen – Werte benennen – Werte weiterentwickeln

Online unter: *https://coaching-cantzler.de/?s=entwicklungsquadrat*

Mögliche Werte

Achtsamkeit, Anerkennung, Authentizität, Autonomie, Bedürfnisorientierung, Bescheidenheit, Bildung, Bindung, Demokratie, Disziplin, Einfühlungsvermögen, Ehrlichkeit, Familie, Fairness, Freiheit, Freundschaft, Frieden, Gelassenheit, Gerechtigkeit, Glaube, Großzügigkeit, Herzlichkeit, Hilfsbereitschaft, Humor, Klarheit, Lebensfreude, Liebe, Loyalität, Mitgefühl, Mut, Nähe, Offenheit, Pünktlichkeit, Reflexionsbereitschaft, Respekt, Selbstständigkeit, Sicherheit, Spaß, Spielfreude, Toleranz, Transparenz, Treue, Unabhängigkeit, Verantwortung, Verbindlichkeit, Verlässlichkeit, Vertrauen, Verständnis, Wissen, Wohlwollen, Zielstrebigkeit, Zivilcourage, Zuwendung.

Werte

- Welche Werte sind mir besonders wichtig?
- Woran merke ich im Alltag, dass der Wert für mich wichtig ist?
- Woran merken andere (Kinder, Eltern und Kolleg:innen), dass mir der Wert wichtig ist?
- In welchen Situationen ist dieser Wert förderlich?
- In welchen Situationen ist dieser Wert eher hinderlich?

2.4 Die professionelle Rolle reflektieren

An die Rolle der pädagogischen Fachkraft in Krippe, Kita und Kindertagespflege ist eine Vielzahl von Aufgaben und Anforderungen geknüpft. Von der Fachkraft wird zum Beispiel erwartet, dass sie im Team und mit den Eltern kooperiert. Pädagogische Fachkräfte sollen möglichst feinfühlig und bedürfnisorientiert auf jedes einzelne Kind eingehen, um es entsprechend seiner

Ressourcen und Fähigkeiten in seiner Entwicklung zu begleiten. Der pädagogische Alltag erfordert zudem ständige Flexibilität, um sich auf neue Anforderungen und Rahmenbedingungen einlassen zu können. Hierzu braucht die Fachkraft spezifische soziale Kompetenzen, umfangreiches Fachwissen, Reflexionsfähigkeit und vor allem **Klarheit über das eigene Rollenverständnis** sowie über die von außen gestellten **Rollenerwartungen.**

„Eine **Rolle** ist ein sozial definiertes Verhaltensmuster, das von einer Person, die eine bestimmte Funktion in einer Gruppe hat, erwartet wird. Rollen sind größtenteils von dem bestimmten Individuum, das sie innehat, unabhängig. Die erwarteten Verhaltensweisen sind die gleichen, gleichgültig über welche persönlichen Merkmale der Rolleninhaber verfügt" (Zimbardo 1998, S. 723).

Wenn man sich die eigenen Rollen und die daran geknüpften Rollenerwartungen bewusst gemacht hat, wird es möglich, auch die „Rollen-Kleider" bewusst zu wählen, zu verändern, an- oder abzulegen. In der Praxis ist der Knackpunkt häufig, dass es zwar die Rolle der pädagogischen Fachkraft gibt, jedoch ein großer Unterschied darin besteht, welche Person bzw. Persönlichkeit die Rolle ausübt. Jede Person ist anders und bringt ganz unterschiedliche Ressourcen und Kompetenzen mit.

Rollenklarheit

- Welche Rollen trage ich privat und beruflich?
- Wann kommen private Rollen in der täglichen Arbeit mit ins Spiel?

Beispiel

Einfluss unterschiedlicher Persönlichkeiten auf die Rolle

Anna und Lisa arbeiten beide als pädagogische Fachkraft in der Kita Kunterbunt. Zu ihren Aufgaben gehört der Kontakt mit den Eltern. Anna ist von Natur aus etwas ruhiger und zurückhaltender und begegnet den Eltern offen, freundlich und eher abwartend. Wenn die Eltern sie in der Bringsituation ansprechen, hört sie aufmerksam zu und kümmert sich anschließend darum, wenn es etwas zu regeln gibt. Lisa fällt es hingegen leicht, direkt morgens auf die Eltern zuzugehen, sie offen zu begrüßen und ein Gespräch zu beginnen. Beide kommen ihrer Rolle und den damit verbundenen Aufgaben nach. Jede erfüllt die Rolle und die damit verbundenen Erwartungen, aber jede auf ihre ganz individuelle Art und Weise.

Zusätzlich zu ihrer konkreten Berufsrolle und den damit verknüpften Rollenerwartungen hat die Fachkraft zusätzlich noch viele andere Rollen in ihrem **individuellen Rollen-Gepäck.** Hierbei handelt es sich um die verschiedensten Rollen, die sie im Laufe ihres bisherigen Lebens erworben und mit denen sie sich bekleidet hat. So ist jede Fachkraft gleichzeitig zum Beispiel Sohn oder Tochter, Enkel oder Enkelin, Schüler oder Schülerin, Freund oder Freundin. Manche sind Mutter oder Vater, Großmutter oder Großvater, Ehefrau oder Ehemann. Die Liste ließe sich beliebig fortsetzen und individuell ergänzen (*vgl. Übung Nr. 5 im Workbook*).

Jede Rolle, unabhängig davon, ob sie aus früherer Zeit oder der Gegenwart stammt, verbleibt im Erfahrungsschatz der Fachkraft. Ihre **Rollen sind ständige Begleitende** und werden je nach Situation unterschiedlich stark aktiv und relevant. Die Familientherapeutin Virginia Satir vergleicht diese verschiedenen Rollen auch mit Kleidern, „die man trägt, je nachdem, mit wem man zu welchem Zeitpunkt zusammentrifft" (vgl. Satir 2004, S. 280).

Beispiel

Einfluss anderer Rollen

Fachkraft Tine ist Mutter von zwei Kindern, die mittlerweile erwachsen sind. In verschiedenen Elterngesprächen bemerkt sie, dass es durchaus hilfreich sein kann, wenn ihr Gegenüber darüber Bescheid weiß und sich deswegen von Tine verstanden fühlt. Andererseits gibt es auch Situationen, in denen sie bemerkt, dass sie als Mutter anders handeln würde.

In dem Beispiel wird deutlich, wie das persönliche Rollenrepertoire von Tine in den Elterngesprächen spürbar wird. Obwohl ihre eigenen Kinder bereits viel älter sind, greift sie auf ihre **Erfahrungen aus der Rolle als Mutter** zurück. Zusätzlich zeigt sich bei Tine, dass diese Rolle je nach Situation förderlich wie auch hinderlich sein kann. Deswegen ist es wichtig und hilfreich, sich mit seinem zusätzlichen Rollenrepertoire näher zu beschäftigen und genauer zu analysieren, welche Rollen im Arbeitsleben zum Tragen kommen, in welchen Situationen das eigene Rollen-Gepäck förderlich und wann hinderlich sein kann (*vgl. Übung Nr. 6 im Workbook*).

Der Beruf der pädagogischen Fachkraft im Bereich der Frühpädagogik ist weiblich dominiert. Hier ist es interessant, näher hinzuschauen, inwieweit das Geschlecht und die damit verbundene Geschlechterrolle Einfluss auf das pädagogische Verhalten haben. Dazu kann die sogenannte Tandem-Studie des Bundesministeriums für Familien, Senioren, Frauen und Jugend (2015) herangezogen werden. Das Gesamtergebnis dieser Untersuchung deutet darauf hin, dass es bei der Professionalität keine geschlechtsspezifischen Unterschiede gibt. Deutlich wird jedoch, dass männliche und weibliche Fachkräfte unterschiedliche Neigungen haben, spezifische Materialien und Themen bevorzugen bzw. entsprechende Interessen der Kinder aufgreifen. Ergänzend ergaben sich Hinweise auf geschlechtsspezifische Unterschiede im körpernahen Umgang mit den Kindern. In der Selbstreflexion gilt es daher, auch die eigene **Geschlechterrolle** genauer zu betrachten, um herauszufinden, inwieweit sie Einfluss auf den Umgang mit den Kindern, Eltern und im Team hat.

Wesentlich ist, sich zu jeder Zeit bewusst zu sein, dass die professionelle, berufliche Rolle in ihrem spezifischen Kontext (z.B. Krippe, Kita und Kindertagespflege) immer mit bestimmten **Aufgaben** verknüpft ist (z.B. Entwicklungsbegleitung des einzelnen Kindes). Dabei sind die Rolle, der Kontext und die Aufgaben **personenunabhängig.** Trotzdem gibt es eine große Spannbreite, wie die Rolle jeweils ausgeübt wird: Der jeweilige Rolleninhaber bzw. Rolleninhaberin füllt sie aus. Diese Person bringt, wie bereits dargestellt, viele andere Rollen und damit verbundene Erfahrungen und Eigenschaften mit. Wichtig ist, dass zu keiner Zeit eine der anderen Rollen, die zu der Person gehören, die Berufsrolle insoweit dominiert, dass der eigentliche Aufgabenbereich darunter leidet.

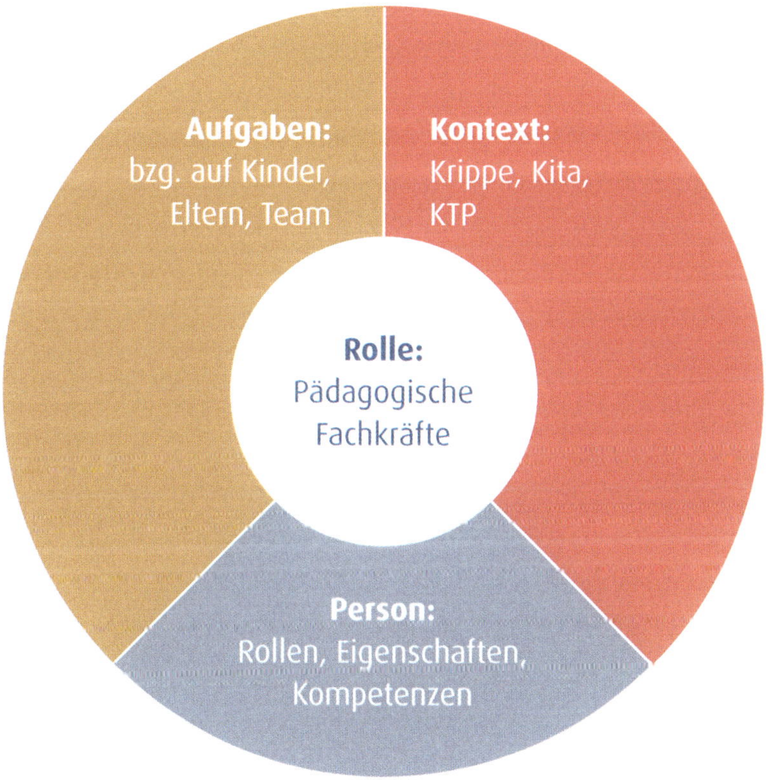

3 Das menschliche Gehirn und die drei Ebenen der Reflexion

Unser Leben ist das Produkt unserer Gedanken. MARC AUREL

Das Gehirn eines Säuglings verfügt bei der Geburt bereits über **100 Milliarden Nervenzellen.** Sie sind jedoch **noch nicht verbunden,** verschaltet und in verlässliche Bahnen geformt. Die Nervenzellen sind noch unbesetzt und warten darauf, verbunden zu werden. Diese Verbindungen entstehen abhängig von der Benutzung. In der Neurowissenschaft heißt dieses Phänomen **Neuroplastizität** und kann mit einer Taschenlampe im Kopf verglichen werden: Dort, wo der Lichtkegel aktiviert wird, werden Verbindungen aufgebaut. Je häufiger zum Beispiel ein bestimmter Satz gesagt wird, desto mehr „brennt" er sich ein. Je öfter sich eine Überzeugung wiederholt, umso verlässlicher, präziser wird sie. Je intensiver eine verlässliche Beziehung gelebt wird, desto eher wird dieses Gefühl des Vertrauens als Verknüpfung gespeichert. Je stärker ein Kind das Gefühl des Alleinseins kennt, desto klarer wird sich diese Emotion im Gehirn abspeichern und mit in die Zukunft genommen.

Spannend ist auch, dass sich Neuronen, die gleichzeitig aktiviert werden, verbinden (vgl. Siegel & Bryson 2017, S. 100). Ist ein Erlebnis aus der eigenen Kindheit zum Beispiel mit einer überfordernden Empfindung verbunden, wird dieses Gefühl mit dem Erlebnis zusammen abgespeichert. Im besten Fall wird körperliche Nähe mit wohltuender Wärme verknüpft und nicht mit Schmerz. Das Gehirn lernt so, bestimmte Erwartungen an die Umwelt zu generieren. In der Fachsprache heißt dieses Phänomen „Priming" (ebd., S. 101) und erklärt, warum wir auf bestimmte Reize im Außen mit einer gewissen

Erwartung reagieren. Kreischt ein Kind in der Gruppe, erwartet das Gehirn der Fachkraft womöglich bereits etwas Schmerzhaftes, weil sie die Erinnerung einer negativen Konsequenz von früher abgespeichert hat. Das Gehirn merkt sich also die Lösungen für Probleme. Hat ein Erwachsener als Kind unter mangelnder emotionaler Zuwendung gelitten, lautet die abgespeicherte Lösung des Gehirns: Zuwendung nicht mehr erwarten.

Die am **häufigsten aktivierten Neuronen,** also die am meisten befahrenen Straßen, die zuverlässigsten Wege werden insbesondere bei Stress am ehesten genutzt. Wurde eine Person als Kind geschlagen, wird ihr dieses Muster bei Stress und insbesondere im Zusammensein mit Kindern als Handlungsstrategie zur Verfügung stehen – ob sie will oder nicht. Das Gleiche gilt andersherum: Sind wir es gewohnt, dass Zuversicht und Verlässlichkeit üblich sind, können wir auch in stressigen Momenten diese Einstellung abrufen.

Einen **neuen Weg** einzuschlagen, neue Strategien zu verwenden kann also nicht von jetzt auf gleich möglich sein. Der Weg muss gefurcht, neu geebnet, gepflastert, umgebaut und ausgebaut werden. Das geht nur Schritt für Schritt. Um eine neue Straße bauen zu können, ist es zunächst wichtig zu wissen, auf welcher Straße ich mich aktuell befinde. Erst dann kann ein neuer, eventuell nicht so steiniger Weg gesucht, gefurcht und ausgebaut werden. Das dauert und braucht Energie.

Das **explizite Gedächtnis** ist das zugängliche, bewusste Gedächtnis. Erinnerungen können detailgenau nacherzählt werden. Das **implizite Gedächtnis** ist das unbewusste Gedächtnis. Diese Erfahrungen sind nicht erinnerbar oder nacherzählbar. Alle Erfahrungen vor dem 18. Lebensmonat können sich nur im impliziten Gedächtnis abspeichern. Durch das implizite Gedächtnis „prägen sich unsere Wahrnehmungen, Emotionen und Körperempfindungen“ (Siegel & Bryson 2017, S. 100). Für die Auseinandersetzung mit sich selbst ist das Wissen um die beiden Bewusstseinsebenen wichtig, weil klar wird, dass nicht alle Strategien, Empfindungen und Erinnerungen direkt zugänglich sein können. Meist sind es die schmerzlichsten Erinnerungen, die verborgen bleiben und nur mit großer Mühe zugänglich werden.

3.1 Die drei Ebenen des Gehirns

Es gibt, grob gesagt, drei Ebenen im menschlichen Gehirn. Jede dieser Ebenen beschreibt eine unterschiedliche Entwicklungsstufe und ist für eine bestimmte Fähigkeit zuständig. Der früheste Hirnbereich, der bereits im Embryonalzustand entwickelt ist, ist der **Hirnstamm,** auch Reptiliengehirn genannt. Die Impulse aus dem Stammhirn steuern die ursprünglichsten Funktionen des Körpers. Sie sorgen für das „nackte" Überleben. Von ihm gehen Reflexe aus und unmittelbare Körperreaktionen, die geschehen, ohne dass darüber nachgedacht wird. Automatische Reaktionen wie Kampf (fight), Flucht (flight) oder Erstarrung (freeze) (vgl. Weber 2019, S. 40ff.) werden aus dem Stammhirn initiiert, damit in bedrohlichen Situationen das Überleben gesichert werden kann. Die Funktionen des Hirnstamms laufen überwiegend implizit ab. Der folgende Hirnbereich, der sich um das Stammhirn legt, ist das **limbische System,** welches für das Erleben und Verarbeiten von Emotionen zuständig ist. Weil nur Menschen und einige Säugetiere Gefühle empfinden können, wird dieser Gehirnbereich auch Säugetiergehirn genannt. Die oberste Schicht ist der sogenannte **Neokortex.** Er ist für das Denken, Planen, Reflektieren, Bewerten und Steuern von Impulsen zuständig. Aus diesem Grund wird dieses Hirnareal im Volksmund auch liebevoll „Denkendes Gehirn" genannt.

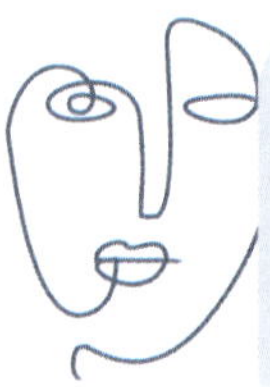

Gehirn

- Wann handle ich reflexhaft? Wann handle ich instinktiv?
- Wann sind meine Gefühle aktiv?
- Wann bin ich fähig, zu denken, zu planen und meine Gefühle zu steuern? Und wann eher nicht?

Die drei Gehirn-Ebenen

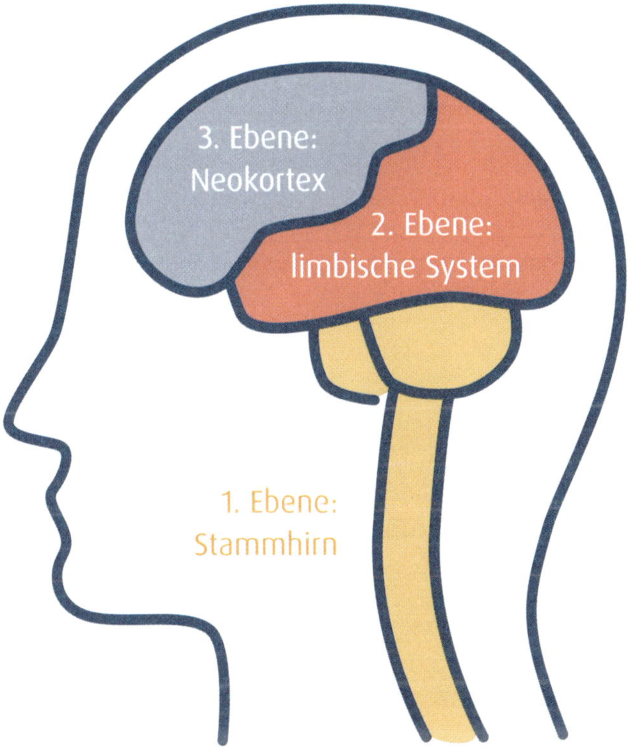

1. Ebene Stammhirn: Die Körperebene reflektieren

2. Ebene Limbisches System: Die Gefühlsebene reflektieren

3. Ebene Neokortex: Die Denkebene reflektieren

3.2 Die drei Ebenen der Reflexion

Wollen pädagogische Fachkräfte verstehen, warum sie bestimmte Handlungsweisen im Alltag nutzen bzw. bestimmte Reaktionen zeigen, ist es hilfreich, eine **ganzheitliche Reflexion** anzustreben. Das bedeutet, es sollten nicht nur die Erinnerungen einer Hirnebene betrachtet, sondern die verschiedenen Areale und ihre Zuständigkeit in den Fokus genommen werden. In der Reflexion können sowohl Funktionen des Hirnstamms betrachtet werden als auch des limbischen Systems und nicht zuletzt des Denkenden Gehirns:

1. Ebene: Die Körperebene
Zuständiger Hirnbereich: Stammhirn
Reflexionsbereiche:

- Reflexe
- Primitive Strategien (Flucht, Kampf und Erstarrung)
- Körperliche Reaktionen (somatische Marker, körperliche Reaktion eines Triggers)

2. Ebene: Die Gefühlsebene
Zuständiger Hirnbereich: Limbisches System
Reflexionsbereiche:

- Gefühle wahrnehmen
- Gefühle als Signalgeber verstehen
- Affektive Komponente eines Triggers

3. Ebene: Die Denkebene
Zuständiger Hirnbereich: Neokortex
Reflexionsbereiche:

- Glaubenssätze/Glaubenssysteme
- Selbstgespräche
- Wertungen

(in Anlehnung an Heller & Lapierre 2012, S. 31)

In einem psychotherapeutischen Prozess sind sowohl die Betrachtung von "oben" nach "unten" (**top-down**), als auch die Reflexion von "unten" nach "oben" (**bottom-up**) üblich (vgl. Heller & Lapierre 2012, S. 31). Es ist also nicht unbedingt notwendig mit dem Hirnstammbereich zu beginnen und mit dem denkenden Bereich zu enden. Auch eine Reflexion in umgekehrter oder unstrukturierter Weise ist möglich.

Beispiel

Hirnebenen reflektieren

Der kleine Josua wird stinksauer. Er darf nicht auf seinem Lieblingsplatz sitzen; daraufhin spuckt er Fachkraft Gabi an und läuft weg. Gabi reagiert blitzschnell und rennt ihm hinterher (Körperebene), ihr Körper ist angespannt, ihr Herz rast, ihr Atem wird stockend (Körperebene). Sie spürt Wut in sich aufsteigen (Gefühlsebene) und scheint beinahe zu platzen (Körperebene). Als sie versucht, Josua einzuholen, hält sie doch kurz inne und sagt zu sich: „Stopp! Was hat mich da gerade so getriggert (Körperebene, Gefühlsebene)? Welche Glaubenssätze sage ich gerade zu mir (Denkebene)? Und wie bewerte ich diese Situation (Denkebene)?"

Gabi kann sich selbst herunterregulieren, indem sie zu sich sagt: „Ich bin gut so, wie ich bin, auch wenn Josua mich angespuckt hat. Josua konnte gerade nicht anders handeln" (Denkgehirn). Bevor sie reflexartig mit der Strategie „Kampf" aus dem Stammhirn heraus reagiert, kann sie ihre Reaktion abwägen. Sie beschließt, Josua zu trösten und Verständnis für ihn aufzubringen, statt ihn zu maßregeln.

Für eine ganzheitliche Reflexion bedarf es einer **Offenheit** für sich selbst, für die eigenen Reaktionen, die eigenen Gefühle, das eigene Denken und die besonderen Momente, die einen „aufhorchen" lassen. Warum reagiere ich gerade jetzt so empfindlich? Warum werde ich so wütend? Warum verunsichert mich genau diese Situation so stark? Wenn man es genau nimmt, hat Josua „nur“ Spucke aus seinem Mund in eine Richtung geschleudert. Die Bewertung der Handlung nimmt das menschliche Gehirn selbst vor. Deshalb ist auch jeder Mensch für sich selbst, seine eigenen Gefühle, Gedanken und Reaktionen **verantwortlich.**

Um verantwortungsbewusst zu handeln, das eigene Handeln zu verstehen und zu verändern, ist eine besondere Achtsamkeit notwendig, eine liebevolle Hinwendung zu den eigenen Gedanken, eigenen Emotionen, Glaubensmustern, Bewertungssystemen und Reaktionen.

Die **achtsame Selbstbeobachtung** kann sich auf verschiedene Bereiche fokussieren. Es empfiehlt sich, zunächst mit einem Bereich zu beginnen und nach und nach neue Bereiche hinzuzunehmen. Mögliche Reflexionsbereiche sind:

1. **Somatische Reflexion:** Achtsamkeit für körperliche Reaktionen und Trigger (vgl. Kapitel 4)

2. **Emotionale Reflexion:** Achtsamkeit für Gefühlsreaktionen (vgl. Kapitel 9)

3. **Reflexion von Bedürfnissen:** Achtsamkeit für Bedürfnisse (vgl. Kapitel 8)

4. **Reflexion von Reaktionen:** Achtsamkeit für Strategien (vgl. Kapitel 7)

5. **Beziehungsreflexion:** Achtsame Beobachtung von Beziehungsmustern- und Strategien (vgl. Kapitel 5)

6. **Glaubenssysteme reflektieren:** Achtsamer Umgang mit Glaubenssätzen und -systemen (vgl. Kapitel 8)

Für den gesamten Reflexionsprozess ist es hilfreich zu bedenken, dass alle aufkommenden Gefühle und Gedanken nicht wir selbst sind. Der eigene **Selbstwert,** der innere Kern, ist konstant und unantastbar. Die Gefühle und Gedanken sind wir nicht, wir empfinden sie nur. Es „ist die Freiheit sowie das Gefühl des Fließens und Im-Fluss-Seins, wenn wir für unsere Gedanken, Gefühle und körperlichen Empfindungen präsent sind, uns aber nicht mit ihnen identifizieren" (Heller & Lapierre 2012, S. 25). Wir können sie fühlen, wir können sie beobachten, wir können sie als wichtige Signalgeber verstehen. Wir können bemerken, wie wir geprägt wurden, was uns handeln lässt, uns antreibt und wie das Gehirn geformt wurde. Was jedoch beständig bleibt, ist das **eigene Selbst.** Wir sind nicht die Gefühle, wir fühlen sie. Wir sind nicht die Gedanken, wir denken sie. Wir haben jederzeit die Freiheit, zu uns selbst zurückzukehren (vgl. Siegel & Bryson 2017).

4 Wunde Punkte verstehen

Leiden und Schmerz sind immer die Voraussetzung umfassender Erkenntnis und eines tiefen Herzens. FJODOR M. DOSTOJEWSKI

Im Kita-Alltag gibt es zahlreiche Momente, in denen Fachkräfte an ihre Grenzen stoßen. Immer wieder fühlen sie sich mit Anforderungen konfrontiert, die sie herausfordern und verunsichern, verärgern, erstarren oder flüchten lassen. Jede Fachkraft trägt ein unterschiedliches Repertoire an **Handlungsstrategien** in ihrem Erfahrungs-Rucksack. Die eine hat mehr, die andere weniger Strategien zur Verfügung. Ein und dieselbe Strategie ist in einer bestimmten Situation dienlich, dagegen in einer anderen vielleicht sogar schädigend.

Ein Blick in die **Traumaforschung** hilft, um zu verstehen, wie Menschen lernen, mit herausfordernden Situationen und Stress umzugehen. Sind Menschen in ihrer Kindheit – sei es zuhause, bei den Großeltern, in der Kinderbetreuung oder Schule – großer Bedrohung ausgesetzt, die Gefühle von Ohnmacht und Hilflosigkeit auslösen, können sich traumatische Strukturen im Gehirn festsetzen.

Eine **traumatische Erfahrung** ist ein „vitales Diskrepanzerleben zwischen bedrohlichen Situationsfaktoren und den individuellen Bewältigungsmöglichkeiten, das mit dem Gefühl von Hilflosigkeit und schutzloser Preisgabe einhergeht und so eine dauernde Erschütterung von Selbst- und Weltverständnis bewirkt" (Fischer & Riedesser 1999, S. 83).

Eine **traumatische oder trauma-ähnliche Erfahrung** entsteht immer dann, wenn der Mensch in eine Situation gerät, in der das Stresslevel im Körper so hoch ist, dass die Verarbeitungsmechanismen im Gehirn das Erlebte nicht mehr verarbeiten und filtern können. Diese übermäßige Ausschüttung von Stresshormonen (Cortisol) im Körper zieht mögliche Traumafolgen nach sich. Immer dann, wenn das Individuum Ereignisse als Bedrohung wahrnimmt, keine Fluchtmöglichkeiten hat oder negative Überzeugungen entstehen, kann sich das Erlebnis als Wunde in der Psyche manifestieren. Diese Traumafolgen können sich in vielfacher Hinsicht auf die betroffenen Menschen auswirken: auf ihr Nervensystem, ihren Körper und ihre Empfindungen. Wenn das Bewältigungsvermögen versagt, verändert sich auch die Wahrnehmung. Das Gehirn nimmt nur noch schemenhaft wahr, weil es nun auf Überleben gepolt ist. Wir stehen auf „Autopilot".

Wenn das **normale Leben** stattfindet und sich der Stresslevel im Normalbereich bewegt, wird **Wahrgenommenes im Gehirn gefiltert.** Informationen werden wahrgenommen, verarbeitet und schlüssig als Gesamtbild im Gehirn abgelegt. Das gespeicherte Erlebnis ist als Geschichte logisch und episodisch nacherzählbar, mit einem Anfang, einem Verlauf und einem Ende. Manche Ereignisse sind auch für das Gehirn so unbedeutend, dass sie einfach aussortiert und vergessen werden. Das Gehirn bewertet: Das Wahrgenommene war so bedeutungslos, dass es nicht erinnerungswürdig ist.

Sind Menschen hingegen **gestresst,** funktioniert das Gehirn aus einem **Schutzmechanismus** heraus. Es sortiert Wahrgenommenes nicht mehr, sondern nimmt alle Reize ungefiltert in ihren Einzelteilen „nach innen". In einem traumatischen Moment werden zum Beispiel Geräusche, Gesehenes, Gerüche und das Körpergefühl aufgenommen und – bildlich gesprochen – in verschiedenen Ecken, getrennt voneinander in Einzelteilen im Gehirn abgelegt.

Der zerbrochene Spiegel

Im normalen Alltag wird eine erlebte Situation als vollständiges Bild wie in einem Spiegel abgespeichert, das heißt, Ort, Zeitraum, Anfang und Ende, Gefühle und Sinneseindrücke sind miteinander verbunden und mit den Erfahrungen sozusagen abgeglichen. Beim Blick in den Spiegel ist diese Situation wieder chronologisch und zusammenhängend erzählbar.

Bei einer traumatischen Erfahrung ist es so, als ob der Spiegel mit der Momentaufnahme einer Situation auf den Boden fällt und in kleinste Einzelteile zersplittert. Diese Splitter mit ihren Teilstücken des Gesamtbilds werden dann in verschiedenen Gehirnregionen gespeichert und tauchen in den unterschiedlichsten Situationen auf, wenn sie mit einem Element in der Gegenwart übereinstimmen. Die einzelnen Splitter können jedoch nicht mehr eindeutig und chronologisch der Ausgangssituation zugeordnet und integriert werden. Das Zusammenführen der einzelnen Spiegelteile ist Teil des Heilungsprozesses.

Bei einem Autounfall zum Beispiel wird das Erlebte in kleinen Schnipseln, einzeln, als sogenannte Fragmente in verschiedenen Teilen des Gehirns gespeichert. Es handelt sich dann um eine Art **Dissoziation in der Wahrnehmung,** also eine Stückelung, damit wir fähig bleiben, das Erlebte zu verarbeiten. Würden wir hingegen alle Informationen des überfordernden Ereignisses im Einzelnen verarbeiten, würden wir vom Stress überwältigt werden. Um in einem solch überwältigenden Moment nicht am Herztod zu sterben, schützt sich der Organismus, indem er das Wahrgenommene abspaltet und für eine spätere Verarbeitung in kleinen „Wahrnehmungspäckchen" im Gehirn ablegt. Diese Wahrnehmungsschnipsel liegen folglich in ihren Einzelteilen als Fragmente im Unterbewusstsein (implizites Gedächtnis) eines Menschen, bis sie von außen angestoßen werden (vgl. Kapitel 4.2).

Wurden wir als Babys beispielsweise im Bett schreien gelassen, mit unserer puren Verzweiflung in der Autonomiephase alleine gelassen und gesagt: "Bock dich mal aus!" oder bin ich beinahe vor Wut auf den Lehrer in der Schule geplatzt weil er so ungerecht handelte, ich jedoch einer Strafe aus dem Weg gehen wollte, wurde dem Nervensystem in diesen Situationen eine Überforderung und Hilflosigkeit signalisiert und als solche im Gedächtnis mit den affektiven Inhalten und den Situationsbedingungen abgespeichert.

Bei Kindern ist das Gehirn noch in einer schnell voranschreitenden Entwicklungsphase. Die neuronalen Verbindungen sind erst im Entstehen und die Strategien zur Bewältigung von Herausforderungen werden erst angelegt (vgl. Kapitel Das menschliche Gehirn und die drei Ebenen der Reflexion). Je älter Kinder werden, umso ausgeprägter sind ihre neuronale Verbindungen und umso klarer ihre Strategien festgelegt. Aus diesem Grund wird zurecht immer wieder auf die **Kindheit als prägendste Phase** hingewiesen und es ist so wichtig, sich diese Prägungen genauer anzuschauen. Denn nicht alle gelernten Strategien sind zielführend und einer gesunden Beziehung dienlich.

Wunde Punkte

- Gab es mir bewusst zugängliche Erlebnisse in meinem Leben, die für mich schmerzhaft waren?
- Gibt es mir bewusst zugängliche schmerzhafte Erinnerungen, die mich heute antreiben, ein bestimmtes Ziel zu verfolgen?
- Für welche Themen bin ich besonders sensibel? Und aus welchem Grund?

Auch wenn man sich fest vornimmt in bestimmten Situationen anders zu handeln, verfällt man schnell in **alte Verhaltensmuster,** weil sie durch die stark ausgeprägten unbewussten Erinnerungen aus der Kindheit bestimmt sind. Die Erfahrung sitzt so tief, dass sie unbewusst als Wahrheit abgespeichert wurde. Der Organismus greift in Stresssituationen dann automatisch auf diese Verhaltensweise und diese Schutzstrategie zurück.

Was bedeutet das nun für die pädagogische Arbeit? Der ein oder andere mag nun vielleicht denken: Ein Trauma habe ich doch nicht, was soll ich mich damit überhaupt befassen?! Im Grunde hat beinahe jeder Mensch in seinem Leben mindestens eine Situation in seiner Kindheit oder auch danach erlebt, in der er geschockt war, alleingelassen wurde, sich unverstanden, beschämt, bedroht oder überfordert gefühlt hat. Diese Erlebnisse mit den entsprechenden Gefühlsanteilen wie Angst, Ohnmacht oder Kontrollverlust haben sich, seien sie bereits als traumatisch einzuordnen oder nicht, als prägende, vielleicht schmerzliche Erfahrungen im Gedächtnis abgespeichert (*vgl. Übung 7 im Workbook*). Kommen Fachkräfte nun in Situationen, die diesen Erlebnissen ähneln und alte Gefühle der Hilflosigkeit hervorrufen, fühlen sie sich der Situation nicht gewachsen. Starker „alter“ Stress wird ausgelöst, und die Menschen greifen auf alte Schutzstrategien zurück. Manche davon sind hilfreich, andere nicht.

Beispiel

Wunder Punkt

Fachkraft Timo war als Kind sehr lebhaft. Er wusste, was er wollte, und setzte sich für seine Rechte ein. Seine Eltern konnten mit seiner temperamentvollen Art nicht umgehen und drohten ihm jedes Mal, wenn er sich lautstark einer Aufforderung widersetzte, mit Zimmerarrest. Wenn Timo besonders wütend wurde, brachte sein Vater ihn schließlich unsanft in sein Zimmer – mit den Worten: „Wenn du dich ausgebockt hast, kannst du wiederkommen." Timos Erfahrung nach sind so Selbstbehauptung und Wut mit Gefühlen von Beziehungsverlust, Hilflosigkeit, Ohnmacht und Alleinsein verknüpft.

Gerät Timo in seiner Arbeit als Erzieher in eine Situation von Selbstbehauptung und Wut, werden bei ihm alte schmerzhafte Erinnerungen wach, die er bekämpfen möchte. Er reagiert auf das wütende Kind vor ihm, als wär er es selbst, und verhält sich der Situation unangemessen. Timo identifiziert sich aus Schutz mit seinem Vater und wird genauso wütend. Er hat in dem Moment keine anderen Strategien. Das Gehirn hat sich gemerkt, dass diese Situation für Timo einmal bedrohlich war und möchte ihn schützen.

Viele Menschen denken, Trauma sei nur das, was jemand erleidet, der Krieg, einen Unfall oder den Verlust einer nahestehenden Person erlebt hat. Das sogenannte Schocktrauma ist jedoch nur eine Form von Trauma, das offensichtlich und deshalb vielen Menschen geläufig ist. Es gibt jedoch auch noch andere Traumaformen, die manchmal nicht so leicht zu erkennen sind:

- **Generationsübergreifendes Trauma:** wird über Generationen hinweg weitergegeben
- **Sekundärtraumatisierung:** wenn jemand Zeuge bzw. Zeugin eines oder mehrerer traumatischer Ereignisse wird

- **Soziales Trauma:** ein kollektives Trauma einer gesamten Volksgruppe
- **Entwicklungs- oder Bindungstrauma:** länger anhaltende traumatische, überfordernde Erfahrungen mit engsten Bindungspersonen, vorwiegend im Kindesalter

Bemerke ich als Fachkraft immer wieder, wie schwer es mir fällt, einem Kind Unterstützung zu gewähren, wenn es sie braucht? Höre ich immer wieder eine Stimme in meinem Kopf, die sagt: „Ich darf ihn doch nicht verwöhnen, sonst tanzt er mir auf der Nase herum?" In diesen Fällen kann es sich um das klassische **generationsübergreifende Trauma** und die großen Angst vor dem tyrannischen Kind handeln. Ein **Sekundärtrauma** erleben manche, wenn sie zum Beispiel miterleben, wie Kinder gedemütigt, beschämt, bestraft oder alleine gelassen werden.

Wie traumatisch und überfordernd eine Situation erlebt wird, kann **nicht von außen beurteilt werden.** Jeder Organismus verarbeitet Reize anders – manche besser, manche schlechter. Ob sich eine Erfahrung als belastend und unverarbeitet im Organismus verankert, hängt außerdem von vielen weiteren Faktoren ab:

- **Alter:** je jünger, desto anfälliger
- **Persönlichkeitseigenschaften:** sensibel oder robust
- **Belastungsfaktoren:** zum Beispiel wenig verlässliche Beziehungen, Armut etc.
- **Schutzfaktoren:** verlässliche Beziehungen, Optimismus und positive Emotionen, Selbstwirksamkeitserwartung, soziale Unterstützung (vgl. Bengel & Lyssenko 2012)

Es gibt traumatische Erlebnisse, die heilen von alleine und automatisch. Es gibt jedoch auch solche, die **ein Leben lang im Unterbewusstsein** gespeichert werden. Mit manchen dadurch erworbenen Strategien lässt es sich gut leben, andere können belastend sein. Manche zeigen sich nur selten und sanft, andere treten erst dann wieder stark zum Vorschein, wenn man eigene Kinder bekommt oder mit Kindern arbeitet. Die Erinnerung an das eigene innere Kind bringt alte Erfahrungen ans Licht (vgl. Kapitel 8).

In der pädagogischen Praxis ist es unabdingbar, dass Fachkräfte sich mit diesen eigenen **schmerzhaften Anteilen** auseinandersetzen, da sie in ihrem Beruf in Beziehung treten und ihre Muster über kurz oder lang mit in diese Beziehungen einfließen lassen. Werden diese Muster nicht reflektiert, kommen unbewusste Beziehungsmuster in der Interaktion mit den Kindern ans Tageslicht und können ihr Unwesen treiben (vgl. Kapitel 5). Eigene „wunde Punkte", also Erlebtes, das schmerzhaft war, darf liebevoll betrachtet werden und die Art der Zuwendung erhalten, die in der ursprünglichen Situation ausgeblieben ist. Entscheidend ist nicht, was erlebt wurde, sondern vielmehr, wie damit im Heute umgegangen werden kann.

4.1 Der Körper als wichtiger Signalgeber

Der Körper ist insgesamt auf Überleben eingestellt. Er ist darauf gepolt, sämtliche Energie darauf zu verwenden, zu überleben. Schmerzhafte Erfahrungen speichern sich zu großen Teilen im **impliziten, unbewussten Gedächtnis** ab (vgl. Kapitel 3.1). Dort sind sie nicht mehr direkt zugänglich, aber aufgrund ihrer emotionalen Erinnerung, der dort gespeicherten Instinkte, automatischer motorischer Abläufe, Impulse, Notfallreaktionen und körperlichen Reaktionen spürbar. Man könnte auch sagen: Körperliche Erinnerungen befinden sich im Gedächtnis etwas unterhalb der expliziten, bewussten Erinnerung.

Das explizite Gedächtnis entwickelt sich etwa ab dem dritten Lebensjahr (vgl. Knopf, Goertz & Kolling 2011). Zuvor handelt es sich um rein emotionale Erinnerungen oder Körperempfindungen, also Erinnerungen, die im Körper gespeichert sind. Das bedeutet: **Der Körper merkt sich alles,** insbesondere schmerzhafte Erfahrungen aus der frühen Kindheit. Er ist bei jedem Erlebnis dabei, auch bei sehr frühen, vorsprachlichen Erlebnissen. Wenn Kleinkinder überfordernde Momente erleben, in denen sie keiner bei der Regulation unterstützt, sind diese nicht im bewussten Gedächtnis gespeichert, sondern im Körpergedächtnis abgelegt. Zwar sind Erinnerungen vor dem dritten Lebensjahr nicht dem Bewusstsein direkt zugänglich, sie sind dennoch relevant und spürbar in den Reaktionen des Körpers. Im Körper liegen also alle Erinnerungen.

Der Körper trägt eine große Weisheit in sich. Er kann sich jederzeit daran erinnern, was für ihn bedrohlich war. Er weiß instinktiv, was zu tun ist, um zu überleben. Wir können diese Weisheit des Körpers nutzen und genau hinhören, was der Körper uns sagt: Welche Zeichen sendet er? Welche Bedürfnisse äußert er?

Beispiel

Körpererinnerung

Jedes Mal, wenn Fachkraft Cora das Essen in der Kita austeilt, wird ihr übel. Sie kann bei der Mahlzeit nichts mitessen. Cora vermutete etwas Organisches. Der Arzt versicherte ihr jedoch nach vielen Untersuchungen, dass er nichts finden kann und sie gesund sei. Ohne dass Cora es weiß, zeigt ihr Körper ihr in der Essenssituation, dass eine negative Erinnerung in ihrem Organismus aktiv ist, die sie schützen möchte. Aus diesem Grund wird das Gefühl des Ekels ausgelöst. Was es ist, kann nur Cora selbst wissen. Es sei denn, die Erinnerung ist so verschüttet und schmerzlich, dass sie keinen Zugang erhält, auch wenn sie nachdenkt. Möglicherweise hat sie eine überwältigende Erfahrung im Zusammenhang mit Essen gemacht, die sie in ihrem Körper trägt, der ihr jedes Mal Ekelgefühle und einen trockenen Hals schickt. Vielleicht wurde sie in ihrer Kindheit dazu gezwungen, etwas zu essen, das sie nicht wollte?!

Somatische Marker wahrnehmen

Der Hirnforscher Antonio Damasio (1994) spricht bei Körpererinnerungen von sogenannten somatischen Markern, die im Gehirn gespeichert werden. Jede Erfahrung, die ein Mensch macht, wird durch das Gehirn bewertet, im Unterbewusstsein abgespeichert und mit einer **Markierung** versehen. Diese Erinnerungen können auch aus vorgeburtlichen Zeiten stammen oder der Zeit als Baby. „Das Erlebte wird lediglich im Hinblick darauf bewertet, ob es unserem Wohlbefinden zuträglich oder abträglich war. So kann unser Gehirn immer den bisher zuverlässigen und bewährten Weg finden und einschlagen und so das Überleben sichern" (Weber 2019, S. 21).

Im impliziten Gedächtnis ist also ein enormer **Wissensspeicher** vorhanden, der uns hilft, Gefahr von Nicht-Gefahr zu unterscheiden und so zu überleben. Im Alltag überprüft das **unbewusste System** fortwährend, ob eine positive oder negative Erfahrung mit bestimmten Situationen verbunden ist. Die somatischen Marker werden automatisch überprüft. Ist ein positiver Marker mit einer Situation verbunden, werden positive Gefühle ausgesandt. Ist die Erfahrung hingegen negativ, werden beschützende Gefühle des Ärgers, der Wut, der Scham, des Ekels oder der Angst geschickt.

Weil sich Gefühle immer zuerst im Körper zeigen und so als **Signalgeber** dienen, wird von somatischen Markern gesprochen. „Soma" ist griechisch und bedeutet Körper. Es wird von affektiven und somatischen Teilen des Markers gesprochen. In unserem Beispiel ist der somatische Marker die Trockenheit im Hals, der affektive Teil des Markers ist der Ekel. Diese Signale machen Cora deutlich darauf aufmerksam, dass unbewusste negative Erinnerungen präsent sind, die sie schützen wollen.

Entscheidend für die pädagogische Praxis ist nun, welche Auswirkungen die vorhandenen Erinnerungen von Cora auf sie selbst und die ihr anvertrauten Kinder haben. Weisen die Marker lediglich auf eine Erinnerung hin (Cora hat Ekelgefühle und isst folglich „nur" beim Mittagessen nicht mit) oder beeinträchtigen die Erinnerungen ihre **Handlungsfähigkeit** zulasten einer feinfühligen Interaktion mit den Kindern? Ist ihr Verhalten in der Essenssituation deshalb als nicht ausreichend responsiv einzuschätzen (vgl. Remsperger 2011), ist es wichtig, diese beeinträchtigende Erinnerung zu betrachten.

Das Wissen über das **Körpergedächtnis** und die somatischen Marker kann im Alltag genutzt werden. Es hilft zu bemerken, wann eigene negative Erfahrungen relevant werden. Somatische Marker machen auf negativ bewertete Situationen aus der Vergangenheit aufmerksam. Nun kommt es darauf an, ob sie bewusst wahrgenommen werden oder unbewusst wirken.

Somatische Marker, die auf negative Erinnerungen aufmerksam machen

Herzklopfen, Grummeln im Bauch, zittrige Knie, Schweißhände, kalte Hände, Kloß im Hals, verkrampfter Bauch, Schultern sind hochgezogen, Fahrigkeit, Getriebensein, Kiefer aufeinanderpressen, Übelkeit, Anspannung im Körper, Schwindel, trockener Hals, Kopfschmerzen, Bauchstechen, Magengrummeln, plötzliche Müdigkeit, Stolpern, Enge in der Brust.

In der Praxis können Fachkräfte zum Beispiel damit beginnen, sich und die eigenen **Körperreaktionen zu beobachten.** Wann bin ich angespannt, wann zieht sich mein Bauch zusammen, wann schnürt sich mir die Kehle zu, wann möchte ich weglaufen? Treten die körperlichen Reaktionen womöglich immer in der gleichen Art und Weise und immer in der gleichen Situation auf? Eine bewusste und liebevolle Zuwendung zu den körperlichen Reaktionen kann bereits eine Bewusstwerdung und einen neuen Umgang bewirken. Werden in einer Situation akute Körperreaktionen wahrgenommen, können Fachkräfte sie betrachten, liebevoll annehmen und aktiv mit ihnen umgehen (*vgl. Übung 9 im Workbook*).

Mögliche Akut-Strategien bei körperlichen Reaktionen

- Ist der Bauch angespannt, atme ich tief in den Bauch ein.
- Spanne ich die Schultern an, kann ich sie bewusst hoch- und wieder herunterziehen und dabei tief atmen.
- Schnürt sich mir die Kehle zu, kann ich mir Unterstützung holen und an die frische Luft gehen.
- Presse ich die Zähne aufeinander, kann ich sie bewusst lockern.
- Laufe ich angespannt und ruhelos durch den Raum, nehme ich mir eine bewusste Auszeit in einer ruhigen Ecke.

Um konkrete Entspannungs-Strategien für sich herauszufinden, hilft die Übung 10 im Workbook.

Dem **bewussten Atmen** kommt eine besondere Rolle zu, wenn es darum geht, erste körperliche Stressreaktionen zu unterbrechen. Je nachdem, wie wir atmen, werden körperliche Reaktionen ausgelöst oder auch unterbrochen. „Unsere Gefühle beeinflussen den Zustand unseres Körpers", sagt der Psychologe Christoph André in einem Zeitungsartikel, und „umgekehrt beeinflusst auch der Zustand des Körpers unsere Gefühle" (vgl. Zittlau 2019). Sind wir zum Beispiel aufgebracht, kann bewusstes Atmen dazu führen, dass die Ärgergefühle und die Anspannung im Körper nachlassen und wir uns auf diese Weise selbst regulieren.

4.2 Trigger wahrnehmen

Der Begriff des Triggers stammt aus der Psychotraumatologie. Im Englischen bedeutet Trigger Auslöser und kommt aus der Waffenlehre. Er bezeichnet sozusagen den Abzug an der Waffe. Dieses Bild passt sehr gut, weil es deutlich macht, wie ein Trigger funktioniert: Wenn einmal der Knopf gedrückt wurde, dann fliegt die Kugel unkontrolliert und ist nicht mehr zu stoppen. Wie bei einem Dominoeffekt: Wird ein Stein angestoßen, wird ein Prozess im Körper in Gang gesetzt, der schwer zu unterbrechen ist.

Ein Trigger ist ein **Reiz von außen,** der dann ins Innere des Menschen vordringt und dort etwas Unerwartetes auslöst. Man spricht deshalb bei Triggern auch vom Auslösereiz. Die Reize können sensorisch (wenn es z.B. zu laut ist) oder emotional sein. Sind sie emotionaler Natur, triggern sie implizite Erfahrungen, die mit der Gegenwart wenig zu tun haben. Daher kommt der Satz: Kinder sind nur der Auslöser für unsere Gefühle, jedoch nicht die Ursache. Trigger können nur etwas auslösen oder anstoßen, das noch unverarbeitet ist, also Fragmente eines für den Organismus stark überfordernden Erlebnisses aus der Vergangenheit (vgl. Kapitel 4).

„Trigger" stammt aus dem Englischen und bedeutet Auslöser. Bei einem Trigger handelt es sich um einen Reiz von außen, der im Inneren des Menschen eine Reaktion auslöst, die an starke körperliche Reaktionen und Emotionen geknüpft sein kann. Es wird eine Erinnerung aus einer alten überfordernden Situation angestoßen.

Das Wissen um Trigger ist für Fachkräfte deshalb so wichtig, weil diese Auslöser **unbewusste Erinnerungen blitzartig anstoßen** und an die Oberfläche spülen. „Das Problem an der impliziten Erfahrung, besonders bei schmerzvollen oder negativen Erfahrungen, ist, dass sie zu einer verborgenen Landmine werden kann, wenn wir uns der Erinnerung nicht bewusst sind. Und dadurch kann uns die Erinnerung sehr stark behindern und manchmal sogar lähmen" (Siegel & Brayson 2017, S. 106). Erkennbar werden unverarbeitete Themen in der Praxis dann, wenn wie aus dem Nichts starke Emotionen relevant werden. Sie führen manchmal dazu, dass eine Stimmung von jetzt auf gleich „kippen" kann und manchmal für den gesamten Tag schlechte Laune verursachen.

Trigger sind deshalb so wichtig zu reflektieren, weil sie beeinflussen, **wie zugänglich die Fachkraft in der Interaktion mit dem Kind bleiben kann.** Wenn alte unverarbeitete Erinnerungen ans Licht kommen, kann es sein, dass die Fachkraft nicht mehr feinfühlig handeln kann und Grenzen überschreitet. Das Gewahrwerden von Trigger-Elementen hilft, eine andere Achtsamkeit auf die entsprechenden Situationen zu legen und neue Strategien einzuüben.

Beispiel

Trigger erkennen

Fachkraft Tina beobachtet seit einer Weile, dass sie immer wieder sehr wütend wird, wenn Kinder beim Essen schmatzen. Sie kann dieses Geräusch kaum ertragen. Es tut ihr beinahe körperlich weh. Tina ist sonst eine zugewandte, liebevolle Person und die Kinder mögen sie. In der Essenssituation kann sie jedoch insgesamt weniger feinfühlig agieren als in anderen Situationen. Ihre Kolleginnen haben sie bereits liebevoll darauf hingewiesen. Seitdem bemerkt Cora selbst, dass die aufkommende Aggression mit dem Schmatzen in Verbindung steht.

Nach längerem Nachdenken erinnert sie sich, mit welcher Strenge ihre Eltern sie am Essenstisch maßregelten. Insbesondere beim Thema Schmatzen waren sie besonders streng. Einmal verließ Tinas Mutter sogar den Esstisch mit den Worten: „So, wie du schmatzt, kann ich hier nicht essen!" Tina erkennt, dass sie die Erinnerung an diese Situation bis heute sehr traurig macht. Seit sie diese Zusammenhänge erkannt hat, kann Tina verstehen, dass ihr Trigger nichts mit der aktuellen Situation in der Kita zu tun hat, sondern mit einer eigenen schmerzhaften Erinnerung. Tina kann nun nach und nach mit Unterstützung der Kolleginnen lernen, anders auf die Situation am Esstisch in der Kita zu reagieren. Als Hilfsmittel nutzt sie, in Absprache mit den Kindern, zunächst Kopfhörer, um die akustischen Auslöser zu minimieren.

Unverarbeitete **Gefühlsenergie wird im Körpersystem gespeichert** und platzt explosionsartig heraus, sobald eine ähnliche Situation auftritt. Durch Bewusstwerdung und Reflexion können Erinnerungen verarbeitet und Gefühlsenergien gelöst werden. In Trigger-Momenten entstehen dann nach und nach weniger starke Gefühle.

In der **Auseinandersetzung mit Triggern** kann es hilfreich sein, aufkommende starke Gefühle bewusst wahrzunehmen und sie auf ihren Nutzen hin zu überprüfen:

- Welcher Anteil der jetzt gerade erlebten Gefühle gehört tatsächlich in diesen Moment?
- Wie viele der aktuellen Empfindungen stammen aus altem Unverarbeitetem?
- Welche der aufkommenden Gefühle sind für die Erfüllung akuter Bedürfnisse und der Wahrung von Grenzen sinnvoll?
- Ist meine Reaktion in dieser Situation angemessen oder nicht?

Falls ein **Gefühl übermäßig stark** zutage tritt und die eigene Reaktion auf einen äußeren Auslöser unverhältnismäßig ist, kann davon ausgegangen werden, dass damit **konfliktreiche Themen** in Verbindung stehen. Es ist nicht schlimm, eine solche Feststellung zu machen, sind wir doch alle nur Menschen mit eigenen Erfahrungen. Wichtig ist, die Erfahrungen zu reflektieren, die innere Stopptaste zu finden, eine eigene Regulation zu üben, die Verantwortung für die heftigen Reaktionen zu übernehmen und sie nicht den Kindern zu übertragen. Werde ich hochgradig wütend, weil ein Kind nicht tut, was ich will, ist nicht das Kind die Ursache für diese Gefühlsexplosion, sondern eine innere Kränkung, die mit der aktuellen Situation wenig zu tun hat (vgl. Kapitel 8.3).

Trigger-Elemente im Außen

Im pädagogischen Alltag erleben Fachkräfte eine Menge an Trigger-Momenten. Die meiste Zeit sind diese Momente sogar dienlich und hilfreich. Sie **schützen**. Weint ein Kind im Nebenraum und das System der Fachkraft reagiert unmittelbar mit Zuwendung und Trost, handelt es sich um einen sinnvollen Trigger. Trigger sind nur dann riskant und wichtig zu reflektieren, wenn sie Schaden anrichten können. Sorgen äußere Reize zum Beispiel dafür, dass die Fachkraft plötzlich schimpft und die Kinder dabei erniedrigt oder beschämt, sollten die Auslöser unbedingt betrachtet werden.

Trigger

- Welche Verhaltensweisen oder Gefühle von Kindern oder Eltern lassen mich an die Decke gehen?
- In welchen Momenten werde ich besonders wütend?
- Gibt es bestimmte Situationen, Personen oder Orte, die mich schneller die Fassung verlieren lassen als andere? Warum ist das so?

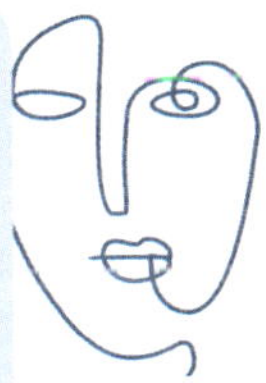

Es können sehr unterschiedliche Elemente sein, die eigene unbewusste Erfahrungen triggern können. Da überfordernde Momente als Fragmente, also kleine Erinnerungsschnipsel im unbewussten Gedächtnis gespeichert sind (siehe Seite 58), können sie auch von den unterschiedlichsten Auslösern getriggert werden. Weil die Erlebnisse unverarbeitet sind, sind sie dem Bewusstsein meist nicht sofort zugänglich. Deshalb ist es hilfreich, schrittweise und in liebevoller Art und Weise in die Selbstbeobachtung zu gehen und eigene Trigger wahrzunehmen. Es kann sich um einen bestimmten Gesichtsausdruck, eine Stimmfarbe, einen Geruch, ein Verhalten, ein bestimmtes Gefühl, bestimmte Kleidung und vieles mehr handeln – Elemente im Außen, die immer wieder verunsichern, wütend machen oder einen plötzlich traurig werden lassen (*vgl. Übung Nr. 12 im Workbook*).

Mögliche Triggerelemente im Außen:

- Ein bestimmter **Gesichtsausdruck** (wenn jemand z.B. auf eine bestimmte Art grinst)
- Eine bestimmte **Stimmfarbe** (Z.B. eine tiefe kräftige Stimme)
- Ein bestimmter **Geruch** (Der Geruch von Urin)
- Ein **Name** (Ein bestimmter Name löst negative Erinnerungen aus)
- Das **Aussehen** einer Person
- Die **Gangart** einer Person
- Eine bestimmte **Situation**
- Ein **Gegenstand**
- Bestimmte **Kleidung**
- Bestimmte **Gefühle** (z.B. starker Ärger)
- Bestimmte **Verhaltensweisen** einer Person (Eine laute Lache, Schmatzen)
- Bestimmte **Persönlichkeitseigenschaften** einer Person (z.B. Schüchternheit, Gefühlsstärke)

Wichtig ist, sich zu vergegenwärtigen, dass **Trigger eine kluge Fähigkeit** des eigenen Organismus sind, um auf negative Erfahrungen aufmerksam zu machen. Sie sagen zu einem: Achte darauf, dass dieser Teil im Gedächtnis noch nicht verarbeitet ist, aber nimm dich in Acht, in der Vergangenheit war dieser Geruch, diese Geste oder diese Mimik mit etwas Bedrohlichem verknüpft. Dabei gilt es immer wieder, sich ins Gedächtnis zu rufen, dass die mögliche Bedrohung von damals, was es auch immer gewesen sein mag, vorbei ist. Bereits diese Erkenntnis kann den Trigger mildern. **Nehme ich den Trigger wahr,** wende mich ihm zu und nehme ihn liebevoll an, kann das eine Veränderung im Umgang mit ihm bewirken. Ich kann zu mir selbst sagen: „Ich weiß, mein Körper, du möchtest mich warnen. Ich kann dir aber mit Sicherheit sagen, diese Bedrohung ist vorbei. Du bist sicher!“

5 Beziehungserfahrungen reflektieren

Eine Beziehung wird vorwärts gelebt und rückwärts verstanden. KENNETH BRANAGH

Für das Setting der Kinderbetreuung ist das Wissen über Bindung ein zentraler Punkt, weil die **Beziehungsgestaltung das wichtigste Werkzeug** der pädagogischen Fachkraft ist. Genauso wie das Handwerkszeug des Informatikers der Computer ist, ist die Beziehung das Handwerkszeug einer Pädagogin oder eines Pädagogen. Pädagogische Fachkräfte sollten ihre eigenen Beziehungserfahrungen also stetig hinterfragen und sich kontinuierlich weiterentwickeln.

Um **eigene Beziehungserfahrungen gut reflektieren** zu können, ist es Voraussetzung zu verstehen, wie sie entstehen. Die wichtigsten Beziehungserfahrungen werden in den ersten drei Lebensjahren gemacht. Meistens erleben wir diese Situationen mit Mutter und Vater, manchmal mit Oma und Opa. Wer früh in die familienergänzende Betreuung kam, kann auch dort wichtige Beziehungserfahrungen gemacht haben, die spätere Beziehungen beeinflussen.

Frühe Beziehungserfahrungen

- Welches waren meine wichtigsten Bindungspersonen?
- Welche Eigenschaften habe ich von ihnen übernommen?
- Welche Strategien zum Herstellen und Aufrechterhalten von Beziehungen wähle ich: vermeide ich Nähe, klammere ich, bin ich ängstlich oder sicher?

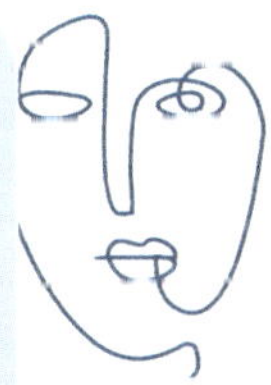

Je nachdem, mit welchen Bezugspersonen Menschen in ihrer Kindheit am meisten in Kontakt waren, sind sie mehr oder weniger relevant für die eigenen Beziehungserfahrungen. Je nach Häufigkeit, Intensität, Verfügbarkeit und emotionalem Engagement der Interaktionen baut sich eine Bindungshierarchie auf (vgl. Brisch 2001, S. 16), die sich in der Relevanz für Beziehungserfahrungen für die meisten Menschen wie folgt darstellt:

1. Beziehung zur Mutter
2. Beziehung zum Vater
3. Beziehung zu Geschwistern
4. Beziehungen im weiteren familiären Kreis (Oma/Opa)
5. Familienergänzende Betreuung (Krippe, Kindertagespflege, Kindergarten)

Die eigenen erlebten Beziehungen mit nahestehend(st)en Personen nehmen einen Einfluss auf die **Beziehungskompetenz im Erwachsenenalter** und somit auch auf die Beziehungskompetenz als Fachkraft im Arbeitskontext. Bei der Reflexion sollten diese Beziehungen deshalb genauer unter die Lupe genommen werden (*vgl. Übung Nr. 13 im Workbook*).

Die ersten **frühen Beziehungserfahrungen** tragen mit dazu bei, welches Urvertrauen ins Leben und in sich selbst Menschen entwickeln. Sie erleben, wie wirksam sie sein können, und entwickeln ihr Bild von sich selbst. Bindungserfahrungen beeinflussen, wie gut Menschen mit Stress umgehen, wie gut sie sich regulieren und ihre Ressourcen nutzen können.

Eine stabile und gesunde Beziehung ist wichtig für die gesunde Entwicklung von Kindern und letztlich auch von Erwachsenen. Es ist heute in mehrfacher Hinsicht wissenschaftlich belegt, welch hohe Relevanz eine stabile Bindung für Kinder und ihre Entwicklung hat. Eine stabile, verlässliche Beziehung reguliert Stress (vgl. Grossmann & Grossmann 2004), unterstützt die seelische Widerstandskraft (Resilienz) (vgl. Wustmann 2004; Fröhlich-Gildhoff & Rönnau-Böse 2019), fördert den Aufbau eines positiven

Selbstbildes (vgl. Bartholomew & Horowitz 1991) und die sozial-emotionalen Kompetenzen eines Kindes (vgl. Petermann & Wiedebusch 2016, S. 14ff.).

Die eigenen Erfahrungen über Beziehungen und wie verlässlich sie waren haben einen **entscheidenden Einfluss** darauf, wie Fachkräfte Beziehungen zu Kolleginnen und Kollegen, Eltern und Kindern leben. Bindungserfahrungen haben also einen unmittelbaren Einfluss darauf, wie Erwachsene mit Kindern interagieren (vgl. Brisch 2012).

5.1 Die Entstehung von Beziehungserfahrungen

Je nachdem, wie **feinfühlig** die eigenen Eltern oder sonstige enge Bezugspersonen auf Bedürfnisse und Gefühle reagieren konnten, ist es möglich, in den ersten drei Lebensjahren positive oder negative Beziehungserfahrungen zu machen. In der Bindungsforschung wird von **drei Bindungsdimensionen** gesprochen, die sich im Organismus eines Kindes ausbilden können (vgl. Grossmann & Grossmann 2004):

- die sichere Bindung
- die unsicher-vermeidende Bindung
- die unsicher-ambivalente Bindung

Neben diesen Formen der Bindung, die Kinder in strukturierter Weise Beziehungen herstellen lassen, gibt es noch ein viertes Bindungsmuster, bei dem Kinder wenig strukturiert Beziehung herstellen können: die desorganisierte Bindung. Bei traumatisierenden Erlebnissen können Kinder Bindungsstörungen entwickeln (vgl. Brisch, 2001).

Auch wenn es wenig hilfreich ist, sich auf die diese Bindungsmuster zu versteifen oder gar Diagnosen zu stellen, kann es für die Reflexion eigener **Bindungserfahrungen** dienlich sein, zu verstehen, aus welchen Erfahrungen heraus Beziehungsaspekte entstehen können und wie sie in Beziehungen wirken – zum eigenen Partner, zu Kolleginnen und Kollegen, zu Eltern und auch zu den Kindern (*vgl. Übung Nr. 14 im Workbook*).

In Beziehungen sicher fühlen sich Menschen, die in ihrer Kindheit überwiegend eine prompte, verlässliche und passende Reaktion auf ihre Bindungssignale erlebt haben (vgl. Grossmann & Grossmann 2004). Sie wurden in ihren Gefühlen gesehen und ernst genommen. Sie erhielten eine passende Unterstützung bei der Befriedigung ihrer Bedürfnisse und somit auch Unterstützung bei der Regulierung ihrer Stress- und Unruhezustände. Diese Kinder empfinden später im Heute ein Grundgefühl der Sicherheit und des Vertrauens, das sie auch durch stressige Zeiten trägt. Ein Vertrauen in sich und in die Umwelt sowie das Gefühl von Verbundenheit erleichtern es ihnen, um Hilfe zu bitten und für sich zu sorgen. Sicher gebundene Menschen entwickeln folglich meist gesunde Strategien, sich Bedürfnisse zu erfüllen, Beziehungen aufzubauen und sie aufrechtzuhalten. Es gelingt ihnen, sowohl Nähe zuzulassen als auch für sich einzustehen.

Kinder mit **vermeidenden Bindungsanteilen** haben erlebt, dass das Umfeld sie mit ihren Unruhezuständen alleine lässt. Sie haben erfahren, dass Gefühlszustände und Bedürfnisse selten passend beantwortet wurden. Die Kinder machten die Erfahrung, dass das Spüren eigener Gefühle wie Ärger, Traurigkeit, Angst oder Frustration mit Ablehnung oder Schmerz verbunden war. Sie erlebten Zurückweisung, wenn sie Hilfe benötigten. Dadurch entwickeln sie ein mangelndes Vertrauen in die Umwelt als Unterstützungsinstanz. Ihre Bindungsstrategie ist es also, Gefühle zu unterdrücken und keine Bindungssignale zu zeigen – aus Angst, abgelehnt zu werden. Vermeidend gebundene Menschen vertrauen oftmals nur sich selbst, nicht aber dem Umfeld. Stress kann dadurch jedoch nur unzureichend reguliert werden, weil die so wichtige Nähe (und dadurch das stressregulierende Hormon Oxytocin) ausbleibt.

Menschen mit **ambivalenten, ängstlichen Bindungsmustern** wurden in ihren Bedürfnissen sehr unzuverlässig reguliert. Die Bindungspersonen waren in ihren Reaktionen nicht einschätzbar. Manchmal zeigten sie passendes, manchmal weniger feinfühliges Verhalten. Das verunsichert Kinder und führt zu einem ärgerlichen oder klammernden Verhalten. Menschen mit einem ambivalenten Bindungsmuster orientieren sich mehr an den Reaktionen der Umwelt, „scannen“ sie, um die Kontrolle zu wahren. Sie verlieren dabei jedoch die Verbindung zu sich selbst. Es entstehen Abhängigkeitsbeziehungen. Das Bindungssystem ist ständig aktiv, um sicherzugehen, dass die Bindungsperson nicht weggeht. Und das ist ebenso mit Stress verbunden.

Haben Kinder ein **desorganisiertes Bindungsmuster** entwickelt, mussten sie erleben, dass ihre Bezugspersonen nicht nur Ort der Sicherheit waren, sondern auch eine Gefahrenquelle darstellten. Erwachsene waren nicht zuverlässig und wenig einschätzbar, vielleicht sogar bedrohlich. Die Eltern reagierten zum Teil vernachlässigend oder gewaltvoll.

Die Bindungsforschung geht davon aus, dass Bindungsmuster ein Leben lang wirken und einen Einfluss auf die Gestaltung von Beziehungen haben (vgl. Brisch 2001). **Bindungserfahrungen können sich jedoch auch verändern:** Haben wir in der frühen Kindheit zum Beispiel sichere Beziehungserfahrungen gemacht, die jedoch durch ein Schocktrauma beeinflusst und erschüttert wurden, kann sich eine Unsicherheit einstellen. Es kann in umgekehrter Weise auch sein, dass Menschen trotz unsicherer Bindungserfahrungen etwa in einer Partnerschaft neue gesunde Beziehungserfahrungen machen und auf diese Weise sichere Bindungsaspekte erwerben können. Das ist auch mit einem Psychotherapeuten oder einer -therapeutin möglich. Erleben Menschen in einer Therapie, dass sie mit allem, was ist, gesehen werden und auch in herausfordernden Situationen Halt bekommen, kann das Gehirn neue Beziehungsstrategien abspeichern. Sie lernen zum Beispiel, dass sie getröstet werden und auf einen anderen Menschen Verlass ist.

Für die **Reflexion eigener Beziehungserfahrungen** ist das Wissen um die verschiedenen Bindungsaspekte hilfreich. Ist mir zum Beispiel bewusst, dass ich in der eigenen Kindheit oft alleine gelassen wurde, wenn es mir nicht gutging, wurden Konflikte unter den Teppich gekehrt und musste ich meine negativen Gefühle besser herunterschlucken als sie zu teilen, kann ich vermeidende Anteile wahrnehmen und als gegeben in meiner beruflichen Praxis reflektieren. Ich kann mehr darauf achten, in welchen Momenten es mir schwerfällt, Kinder anzunehmen, und meine Wahrnehmung darauf lenken zu beobachten, wann ich meine eigenen und wann die Gefühle der Kinder zu vermeiden versuche. Ich kann meinen eigenen **Beziehungserfahrungen entgegenwirken.**

5.2 Die Weitergabe von Beziehungserfahrung

Aus der Bindungsforschung ist bekannt, dass sich die eigenen Bindungserfahrungen als Bindungsmuster im Organismus verankern. Diese werden als innere Arbeitsmodelle mit ins Erwachsenenalter und in neue Beziehungen getragen (Grossmann & Grossmann 2004; Brisch 2001).

Es gibt verschiedenen Verfahren, um Bindungsmuster auch im Erwachsenenalter feststellen zu können. Das sicherlich bekannteste Verfahren ist das Adult Attachement Interview (AAI) (vgl. George, Kaplan & Main 1996). Hier konnten auch Bindungsdimensionen bei Erwachsenen beschrieben werden, die denen von Kindern ähneln:

- Sicher-autonome Bindung
- Unsicher-distanzierte-abweisende Bindung
- Unsicher-verwickelte Bindung
- Unverarbeiteter Bindungsstatus

Je nachdem, welche Beziehungserfahrungen Erwachsene in der Kindheit gemacht und welche inneren Muster sie mitgenommen haben, sprechen sie in dem Bindungsinterview (AAI) unterschiedlich über ihre Beziehungserfahrungen mit den Eltern.

Die ersten Fragen aus dem Adult Attachement Interview (AAI)

1. Beschreiben Sie kurz, wie Sie aufgewachsen sind; mit wem sind Sie aufgewachsen, wer waren Ihre Bezugspersonen, hatten Sie Geschwister, wer lebte im Haushalt, hatten Sie Kontakt zu Ihren Großeltern ...?
2. Bitte versuchen Sie einmal, Ihre Beziehung zu Ihren Eltern zu beschreiben, als Sie ein kleines Kind waren ... beginnen Sie mit Ihren frühesten Erinnerungen.
3. Bitte erinnern Sie sich an die Beziehung zu Ihrer Mutter als Sie noch sehr klein waren (früheste Zeit der Erinnerung).
4. Bitte nennen Sie mir fünf Adjektive/Eigenschaftswörter, die die Beziehung zu Ihrer Mutter beschreiben würden.
5. Wenn Sie sagen, Ihre Mutter war „ ... ", können Sie mir bitte ein Ereignis erzählen, das dies deutlich macht, oder eine Situation, die Ihnen dazu einfällt?

Menschen mit **sicher-autonomen** Bindungsaspekten können im Bindungsinterview lebhaft von ihren Kindheitserfahrungen erzählen. Ihnen gelingt es, sowohl über positive als auch negative Gefühle zu berichten. Herausfordernde Erfahrungen wie Trauer, Verlust oder Konflikte können als bewältigbare Momente mit einem versöhnlichen Ende eingestuft werden. Die Erzählweise ist episodisch und verläuft einer Logik. Sowohl positive als auch negative Kindheitserfahrungen ergeben ein kohärentes Bild. Die Antworten sind logisch, klar und kurz. Die interviewte Person hat ein hohes Maß an reflexiver Kompetenz.

Interviewte mit **unsicher-distanzierten Bindungserfahrungen** haben oft nur wenige Erinnerungen an ihre Kindheit. Sie empfinden das Interview zum Teil als lästig und als Zeitverschwendung. Bindung wird im Allgemeinen als wenig einflussreich eingestuft und die Beziehung zu den Eltern als wenig relevant bewertet. Es kann auch sein, dass sie idealisiert und negative Empfindungen „weggedrückt“ werden. Gefühle werden als störend und unsinnig angesehen. Stattdessen werden die eigene Leistung und Stärke immer wieder betont: „Ich schaffe das alleine!“ „Das hat mir nicht geschadet!“ Die eigene Stärke wird betont, wobei das Bild von anderen negativ gezeichnet wird.

Beim **unsicher-verwickelten Bindungsmuster** ist die Erzählweise oft widersprüchlich, inkohärent, wenig objektiv, langatmig. Das Gegenüber hat das Gefühl, nicht mehr folgen zu können. Wie verstrickt die Befragten mit den eigenen Eltern sind, zeigen ihre Emotionalität in den Antworten, ihre Ängstlichkeit oder Ärgerlichkeit. Die negative Beziehung zu den Eltern wird überbewertet. Es gelingt den Interviewten kaum, sich von den Beziehungskonflikten abzugrenzen. Sie leben mehr in der Abhängigkeit zu ihren Eltern denn in der Autonomie.

Durch zahlreiche **Erhebungen** in verschiedenen Ländern konnte herausgefunden werden, dass 45 bis 55 Prozent der Erwachsenen einen sicher autonomen Bindungsmodus verinnerlicht haben. 20 bis 25 Prozent wiesen ein unsicher-distanziertes und 10 bis 15 Prozent ein unsicher-verstricktes Bindungsmuster auf. Unverarbeitete, also unreflektierte Anteile konnten im Bindungsmuster bei 15 bis 29 Prozent festgestellt werden (vgl. Hédervàri-Heller 2011).

Ein weiteres Erhebungsverfahren für Bindungsmuster im Erwachsenenalter ist das Adult Attachement Projective (AAP) (George & West 2012). Bei dieser Methode werden Probanden Bilder gezeigt, zu denen sie eine Geschichte erzählen können. In acht Bildern sind verschiedene Szenarien dargestellt: spielende Kinder; ein aus dem Fenster blickendes Kind; zwei sich gegenüberstehende Menschen mit Koffern; ein Kind auf der Bank, das das Gesicht in den Schoß legt; ein Kind, das im Bett die Arme nach der erwachsenen Person ausstreckt; ein Kind, das neben einer Erwachsenen zu einem Krankenwagen blickt etc. Die Bilder sind neutral und ohne Wertung gezeichnet. Die Befragten können ihre Interpretation also selbst in das Bild legen. Bei der Beschreibung der Bilder und der späteren Analyse kommt es insbesondere darauf an, welchen Ausgang der Situationen die Interviewten schildern. Reagieren andere Menschen zum Beispiel tröstend, zugewandt und unterstützend oder bleiben die Befragten alleine, müssen alleine mit der Situation klarkommen?

Die Bilder repräsentieren diverse Hilflosigkeitszustände, die Menschen im Laufe ihres Lebens zu bewältigen haben und die unter Umständen schmerzhafte Beziehungswunden reißen können:

- **Trauer**
- **Tod/Abschied**
- **Krankheit**
- **Abgrenzung**
- **Konflikt**
- **Hilflosigkeit**

Spannend ist, dass diese **konflikthaften und unter Umständen überfordernden Aspekte** in der Kinderbetreuung wiederzufinden sind. Fachkräfte erleben täglich Abschiedsmomente, Trauermomente, Konflikte und Momente, in denen sie sich selbst oder das Kind hilflos fühlt. Haben Fachkräfte nun als Kind erlebt, wie solche herausfordernden Momente versöhnlich aufgelöst werden konnten, haben sie die Kompetenz, diese Erfahrung weiterzugeben. Haben sie jedoch abgespeichert, dass sich Abschied und Traurigkeit als Bedrohung anfühlen und sie selbst wenig Unterstützung dabei erlebt haben, kann es sein, dass sie nicht verlässlich handeln können.

Bindungsmuster bei Fachkräften

In einer Pilotstudie wurde das Bindungsmuster von 59 Studierenden zu Beginn ihres Studiums der Kindheitspädagogik erhoben. Die Daten wiesen insgesamt auf einen hohen Anteil an unsicher-organisiertem (46%) und unbewältigten (41%) Bindungsmustern hin. Nur 17 Prozent der Studierenden wiesen bei dieser Studie einen sicher-autonomen Bindungsstatus auf (vgl. Hédervàri-Heller & Antunes 2017). Auch in einer Erhebung zur Bindungsrepräsentanz von Professionellen in der Sozialen Arbeit zeigte sich, dass eine überdurchschnittlich große Anzahl von unsicheren Bindungsmustern zu verzeichnen war. Auch bei Studien über Psychotherapeuten und Psychotherapeutinnen lässt sich eine solche Tendenz herauslesen. Es lässt sich also vermuten, dass in pädagogisch-sozialen Berufen eine andere Verteilung von Bindungsmustern mit höheren unsicheren Anteilen verbreitet ist als in der Normalbevölkerung.

Deshalb bleibt die Frage, wie der hohe Anteil an unsicheren Bindungsrepräsentationen zu erklären ist. Suchen sich pädagogische Fachkräfte den Beruf aus, um eigene unerfüllte Beziehungsbedürfnisse zu befriedigen? Können sie in der Sozialen Arbeit intensivere Beziehungen führen als in anderen Berufen? Wollen sie heilen, was ihnen verwehrt blieb? (Weitere Reflexionsanstöße siehe Kapitel 2.2 & 8)

Die Reflexionsbereitschaft ist wichtiger als das Bindungsmuster

Es scheint für die eigene Entwicklung weniger relevant zu sein, was jemand in der Kindheit erlebt hat oder welche Bindungsrepräsentanz im Erwachsenenalter festgestellt werden kann, als vielmehr wie jemand über die gemachten Erfahrungen denkt, diese reflektiert und bewertet (Hédervàri-Heller 2011, S. 73f.). Hier kommt es auf das **Maß der Reflexion,** auf die **Art der Verarbeitung** und Integration von Bindungserfahrungen an. Erlebt eine Person schlimme Beziehungserfahrungen, konnte diese jedoch für sich aufarbeiten, kann sie Beziehungskompetenz entwickeln und die transgenerationale Weitergabe von Bindungsmustern unterbrechen (vgl. Bretherton & Munholland 1999). Hat eine Person mit unsicherem Bindungsmodus zum Beispiel mehrere Jahre in einer guten Partnerschaft mit einem sicher gebundenen Menschen verbracht, können neue Erfahrungen gemacht und neue Bindungsstrukturen gelernt werden.

Die Datenlage weist darauf hin, dass die Wahrscheinlichkeit zur **intergenerationalen Übertragung von Bindungsmustern** hoch ist (Hédervàri-Heller 2011, S. 74). Weist eine Mutter zum Beispiel ein sicheres Bindungsmuster auf, so ist zu 80 Prozent davon auszugehen, dass sie dieses auch ihrem Kind weitergibt (Suess 2001, S. 49).

Ob auch **pädagogische Fachkräfte** Bindungsmuster in der Kita prägen können, ist ungeklärt. Da die fundamentalen Bindungserfahrungen bereits im ersten Lebensjahr mit den primären Bindungspersonen gemacht werden, ist davon nicht auszugehen. Es macht dennoch Sinn, sich über die eigenen Beziehungsmuster und inneren **Arbeitsmodelle Klarheit zu verschaffen,** um zu verstehen, ob man in den Beziehungen zu Eltern und Kindern in der Einrichtung verlässlich und emotional verfügbar agieren kann, Beziehung vermeidet oder für die Kinder verunsichernde Beziehungsstrategien nutzt. Denn von sicheren Beziehungserfahrungen hängt es laut der Bindungsforschung ab, ob Menschen feinfühlig handeln können. Eine feinfühlige Reaktion auf das kindliche Verhalten ist wiederum ausschlaggebend dafür, wie sicher sich ein Kind in der Beziehung zur Fachkraft fühlen kann (vgl. Hörmann 2014).

Nur noch sicher gebundene Fachkräfte?

Ist es nun notwendig, dass nur noch Fachkräfte mit sicheren Beziehungserfahrungen eingestellt werden? Mit Sicherheit nicht. Sicherlich kann es von Vorteil sein, dass in einem Beruf, der die Kompetenz der Beziehung benötigt, auch Menschen arbeiten, die Kindern Sicherheit in unsicheren Zeiten geben können. Klar ist, dass jedoch nur solche Anteile von Handlungsstrategen hinderlich sind, die unreflektiert bleiben; wenn sie einfach so geschehen, ohne dass jemand weiß, warum. Bleiben unverarbeitete, für den Beruf relevante Beziehungserfahrungen im Unbewussten und kommen unkontrolliert zum Vorschein oder werden als normal abgetan, kann das für die Kinder gefährlich werden. Für eine verlässliche Beziehung in pädagogischen Einrichtungen kann es also hinderlich sein, wenn Fachkräfte selbst ungünstige Beziehungserfahrungen gemacht haben, die ihnen nicht zugänglich sind.

Versuchen Fachkräfte jedoch in Verbindung mit sich zu sein, eigene Gefühle zu beobachten, eigene Körperreaktionen zu spüren und selbst die Verantwortung für ihr Handeln zu übernehmen, muss eine sichere Bindungserfahrung kein Kriterium sein. Eine Erhebung der Bindungserfahrungen sollte für den **Bewerbungsprozess** nicht relevant sein. Dennoch ist es wichtig, nicht davon auszugehen, dass jede pädagogische Fachkraft die notwendigen Anlagen für eine sichere Beziehungsgestaltung von Natur aus mitbringt (vgl. Krappmann 2010, S. 222).

Die gute Nachricht ist, dass jede negative Erfahrung, jedes innere **Arbeitsmodell veränderbar** ist und zu einem wertvollen Schatz integriert werden kann. Voraussetzung ist, dass ein bewusster Umgang mit den konflikthaften Bereichen des eigenen Seins möglich ist. Wenn eine Fachkraft, die selbst als kleines Kind zuhause bei den Mahlzeiten immer aufessen musste und bestraft wurde, tat sie das nicht, nun dieses Trauma aufarbeitet und in der Kinderbetreuung äußerst sensibel und reflektiert mit dem Thema umgeht, kann unter Umständen feinfühliger agieren als Fachkräfte, die sich damit nicht so intensiv auseinandergesetzt haben. Dass auch Beziehungserfahrungen aufgearbeitet werden und sich verändern können, konnte mehrfach belegt werden (vgl. Kißgen & Suess 2005; Fonagy & Target 2003).

Eigene Sensibilität beobachten

Manchmal kann es sein, dass schmerzhafte Erinnerungen Menschen für gewisse Themen sensibler werden lassen. Eine **Sensibilität** für bestimmte Kinder oder Persönlichkeitseigenschaften, für den Schutz der Kinder und ihre Rechte kann durchaus ein Vorteil sein (*vgl. Übung Nr. 8 im Workbook*). Doch sollten auch hier die Verwicklungstendenzen betrachtet und reflektiert werden:

- **Für welche Themen bin ich besonders sensibel?**
- **Warum setze ich mich ganz besonders für diese Kinder/Gruppen/Themen ein?**
- **Ist dieser Einsatz angebracht oder übertreibe ich?**

- Was würde passieren, wenn ich nicht da wäre?
- Kann ich auch Abstand nehmen?
- Wie stark lasse ich mich von Emotionen der Kinder beeinflussen?
- Geht es um meine Bedürfnisse oder die Bedürfnisse des Kindes?
- Helfe ich den Kindern dadurch wirklich?
- Kann ich trotzdem die Grenzen der Kinder, Eltern, Kolleginnen und Kollegen wahrnehmen oder übergehe ich sie, ohne es zu bemerken?

5.3 Fokus auf Beziehung oder Autonomie?

Es ist nicht immer leicht, die Balance zu finden zwischen Beziehung und Autonomie. Alle Menschen sind in jeglicher Form von Beziehung immer wieder mit diesen beiden Polen konfrontiert. Auch pädagogische Fachkräfte verunsichert diese auszutarierende Gratwanderung. Sie stellen sich die Frage, wie viel Nähe zu Kindern und Eltern zugelassen werden sollte und wie viel Selbstständigkeit ermöglicht und eingefordert werden kann. Es gibt Fachkräfte, die eine gute Balance herstellen können, und andere, bei denen die Wippe immer etwas mehr in die eine oder die andere Richtung kippt Fachkräfte sollten sich also fragen, ob sie eine gute Balance herstellen können oder ob sie in die eine oder andere Richtung tendieren (*vgl. Übung Nr. 15 und 15a im Workbook*).

Die Bindungs-Autonomie-Wippe

Beziehungsfokussiert: Die Angst vor zu wenig Nähe und Trennung

Dir ist Bindung besonders wichtig. Du möchtest viel Nähe sowohl zu Kindern, Eltern als auch Kolleginnen und Kollegen aufbauen. Ohne dass du die Signale der Kinder so genau wahrnimmst, hast du das fortwährende Gefühl, sie bekämen zu wenig Zuwendung und du müsstest ihnen ganz viel Zuwendung schenken. Dir fällt es schwer, dich von den Kindern zu trennen. Du hast das Gefühl, sie im Stich zu lassen, wenn du gehst. Es kommen immer wieder Schuldgefühle auf, wenn du es nicht schaffst, alle Signale passend zu beantworten. Du liebst es, ganz eng mit den Kindern zu sein, wenn sie dich mögen und dir ein gutes Gefühl geben. Wenn du ehrlich bist, magst du Kinder, die wenig Nähe und Körperkontakt wollen, nicht so gerne. Kinder, Eltern oder Kolleginnen und Kollegen, die sich abgrenzen, lassen dich ärgerlich, frustriert oder traurig werden. Dann zweifelst du an dir selbst. Kinder oder Eltern, die „Nein" sagen, verunsichern dich. Auch Herausforderungen verunsichern dich, und manche Selbstständigkeitsversuche der Kinder machen dir Angst. Manchmal hast du wenig Zutrauen in die Kompetenzen der Kinder. Wenn Frustrationen bei den Kindern auftauchen, wirst du unsicher.

Stefanie Stahl und Julia Tomuschat (2018) nennen diese Art der Beziehungsprägung „angepasst", weil Menschen mit einer Beziehungsfokussierung sich fortwährend am Außen orientieren, um zu gefallen und ja nichts falsch zu machen.

Autonomiefokussiert: Die Angst vor zu viel Nähe

Du hast manchmal Angst vor zu engen Beziehungen und fragst dich immer wieder: Darf ich wirklich so viel Nähe zulassen? Dir ist es wichtig, die professionelle Distanz zu wahren und zu betonen. Du möchtest nicht zu viele Gefühle in die Beziehung einfließen lassen. Immer wieder kommt die Sorge in dir auf, die Kinder zu sehr an dich zu binden und sie zu verwöhnen. Dir ist die Selbstständigkeit der Kinder besonders wichtig. Der Gedanke „Das Kind muss auch mal lernen, alleine klarzukommen! Es kann sich nicht immer bedienen lassen!" ploppt hin und wieder auf. Du versuchst, zu enge Beziehungen zu Kindern, Eltern, Kolleginnen und Kollegen zu meiden, um einem möglichen späteren Trennungsschmerz aus dem Weg zu gehen. Abschiede versuchst du „kurz und schmerzlos" zu gestalten. Emotionen stufst du in deinem Beruf als wenig relevant ein und Kuscheln magst du nicht so gerne. Wenn Kinder Unterstützung brauchen, stockst du und kommst diesem Wunsch nur ungerne nach. Du forderst ein, dass die Kinder etwas alleine schaffen sollen. Damit überforderst du sie gelegentlich.

Stellst du fest, dass sich deine Wippe zwischen Bindung und Autonomie die Waage hält, kannst du davon ausgehen, dass du gesunde Beziehungen in der Praxis leben kannst. Kippt die Wippe in Richtung **„bindungsfokussiert",** liegt die Herausforderung nun darin, etwas loszulassen, Kindern mehr zuzutrauen und ihnen zuzugestehen, frustriert zu sein oder etwas nicht sofort zu schaffen. Du darfst dich zurücknehmen und musst den Kindern nicht alle Schwierigkeiten aus dem Weg räumen. Du kannst üben, Abgrenzungen und „Neins" von Eltern, Kindern und im Team nicht als Affront zu verstehen, sondern als wichtiges Beziehungselement, nämlich das der Autonomie. Taucht ein Glaubenssatz in dir auf, der sagt „Das schafft das Kind nicht alleine", kannst du ihn umwandeln in: „Ich darf etwas zutrauen!"

Stellst du fest, dass die Wippe eher zu **„autonomiefokussiert"** tendiert, darfst du lernen, dich mehr einzulassen auf Gefühle und auf Nähe. Du kannst lernen, Gefühle als wichtiges Element einer Beziehung zu verstehen – auch zu den Eltern. Wenn dir eine Stimme im Kopf sagt „Das musst du alleine schaffen", kannst du diesen Glaubenssatz verwandeln in: „Ich darf mich zuwenden und helfen!"

6 Erfahrungen mit Autonomie und Abgrenzung reflektieren

Die kürzesten Worte, nämlich „ja" und „nein", erfordern das meiste Nachdenken

PYTHAGORAS VON SAMOS

Neben der Bindung sind Autonomie und Abgrenzung die wichtigsten **psychischen Bedürfnisse** eines Menschen. Es geht um das Gefühl, selbst zu entscheiden und Freiwilligkeit bzw. Selbstständigkeit zu erleben. Das zeigen sowohl die Bindungsforschung als auch Forschungen über menschliche Bedürfnisse (vgl. Grossmann & Grossmann 2004; Maslow 1962; Brazelton & Stanley 2008; Grawe 2004).

Kinder sind von Geburt an darauf ausgelegt, sich zunächst um ihre Bindungsbedürfnisse zu kümmern. Ab einem Alter von 18 Monaten nimmt das **Bedürfnis nach Autonomie** und Selbstständigkeit deutlich zu. Die Kinder kommen in die sogenannte Autonomiephase. Die Autonomieentwicklung findet in der Regel im dritten Lebensjahr ihren Höhepunkt. Das Kind trudelt zwischen all seinen ambivalenten Gefühlen – zwischen Abhängigkeit und Autonomie. Es kommt oft zu heftigen Wutanfällen im Wechsel mit Unsicherheit und Trennungsängsten.

Entscheidend für eine gesunde Entwicklung ist, wie Bindungs- und Beziehungspersonen mit den aufstrebenden Autonomiebedürfnissen umgehen. Gelingt es den nahestehenden Bezugspersonen, Freiheiten zu schenken, Frustrationen zuzulassen und dem Forscherdrang eines Kindes Raum zu verschaffen oder ist die Ängstlichkeit der Eltern so groß, dass auch das Kind Angst vor der Welt empfindet, keinen Antrieb hat, loszugehen, gehemmt ist und unfrei? Gelingt es den nahestehenden Bezugspersonen, die Grenzen des Kindes zu achten, sie in ihrem „Nein“ anzunehmen und auch für ihre eigenen Bedürfnisse und Grenzen einzustehen oder fällt es ihnen schwer, sich in Konflikte zu begeben, sich durchzusetzen, für sich einzustehen und übergehen sie eher ihre Grenzen?

Eine wesentliche Aufgabe von Fachkräften besteht darin, die Autonomiephase so zu begleiten, dass die Kinder sich entsprechend ihrer Bedürfnisse im sicheren Umfeld entwickeln können. Dies gelingt der Fachkraft mehr oder weniger gut, je nachdem, welche **eigenen Erfahrungen** sie mit ihren Selbstständigkeitsbestrebungen in der Kindheit gemacht hat.

Es macht einen großen Unterschied für die **Persönlichkeitsentwicklung** und die Kompetenz einer Fachkraft, ob sie in dieser wichtigen Autonomieentwicklungsphase angemessen und altersentsprechend die eigenen Belange **selbst bestimmen** durfte oder ob sie entgegen der eigenen Entwicklung unter- bzw. überfordert wurde.

Autonomie

- Wieviel Selbständigkeit haben mir meine Eltern in meiner Kindheit zugestanden?
- Durfte ich beispielsweise selbst entscheiden ob, wann und wieviel ich esse?
- Wurde ich in Entscheidungen mit einbezogen?
- Kann ich mich heute gut abgrenzen und Nein sagen?

Gelang es ihren Bezugspersonen, mit ihren überwältigenden Gefühlen in der Autonomiephase umzugehen, **Verständnis und Einfühlung** zu zeigen, ihr mit Kreativität, Geduld, sinnvollen Regeln und etwas Humor zu begegnen, ist es auch der pädagogischen Fachkraft in der Arbeit mit Kindern möglich, sie in ihren Gefühlsstürmen zu begleiten und angemessen mit Abgrenzung umzugehen. Die Kinder haben es mit einer Fachkraft zu tun, die erfahren hat, dass ihre Meinung zählt, ihr Wille eine Relevanz hat, sie im Leben wirksam sein kann, die den Willen der ihr anvertrauten Kinder gut respektieren sowie ihnen Selbstbewusstsein und Selbstständigkeit mit auf den Weg geben kann.

Die **Folgen** einer **nicht vollendeten Autonomieentwicklung** im Kindesalter für die Fachkraft und ihr Zusammensein mit Eltern, Kinder, Kolleginnen und Kollegen sind vielfältig:

- Die Fachkraft passt sich stark an und entspricht den Wünschen im Außen.
- Die Fachkraft möchte alles alleine schaffen.
- Dadurch übergeht sie hin und wieder ihre Grenzen in Bezug auf Kinder, Eltern, Kolleginnen und Kollegen.
- Die Fachkraft begibt sich nicht gerne in Konflikte.
- Sie übergeht häufig die Grenzen der Kinder.
- Die Fachkraft kann nicht gut mit dem Willen der Kinder umgehen.
- Sie kämpft mit einem mangelnden Selbstwertgefühl.
- Ein mangelndes Gefühl von Wirksamkeit und des Vertrauens, etwas verändern zu können, kann sich einstellen.
- Die eigene Gefühlsregulation gelingt nicht zuverlässig.

Um zu verstehen, warum es einem gut oder weniger gut gelingt, die eigenen Grenzen zu spüren und zu kommunizieren, ist also wieder ein Blick in die eigene Kindheit wichtig. Es gilt zu reflektieren, wie in der eigenen Familie oder von anderen **wichtigen Bezugspersonen mit Grenzen umgegangen wurde.** Wurden die eigenen Grenzen geachtet? Wurde über Grenzen hinweggegangen? Konnten die Eltern sich durchsetzen, für ihre Werte einstehen und ihre eigenen Grenzen achten?

Grenzen spüren

- War es für mich als Kind zulässig, eigene Grenzen zu wahren?
- Wurden meine Grenzen als Kind gewahrt?
- Haben Mutter und Vater oder andere Familienmitglieder untereinander Grenzen geachtet?
- Durfte ich „Nein" sagen oder wurde meine Grenze übergangen (wenn ich z.B. nicht umarmt, geküsst werden wollte, nicht aufräumen, nicht mitkommen wollte oder keiner in mein Zimmer kommen sollte)?
- Wurde mein „Nein" ernstgenommen und angenommen?
- Hatte ich mit negativen Konsequenzen zu rechnen, wenn ich für mich und meine Belange einstand (auch lautstark)?
- Konnten meine Eltern ihre Grenzen wahren? Oder haben sie alles für mich gemacht, mir alle Schwierigkeiten aus dem Weg geräumt und sind dabei über ihre eigenen Grenzen gegangen?
- Waren meine Eltern durchsetzungsstark, ohne dabei verletzend zu sein, oder eher durchsetzungsschwach?
- Wie klar waren meine Eltern in ihren Werten?
- Konnten meine Eltern mir Dinge zutrauen oder haben sie viel Angst um mich gehabt?

Im Folgenden wird herausgearbeitet, was es im Einzelnen bedeutet, wenn die Fachkraft aufgrund der eigenen Erfahrungen entweder die Kinder aus Angst vor Selbstständigkeit in ihrer Entwicklung blockiert oder aber zu früh bzw. unangemessen in die Selbstständigkeit zwingt. Außerdem wird beleuchtet, warum es einigen Fachkräften schwerfällt, sich abzugrenzen und „Nein" zu sagen.

6.1 Angst vor Selbstständigkeit

Einige Menschen kommen bereits mit einem eher lebhaften und lauten Temperament auf die Welt. Von Anfang an trauen sie sich oftmals mehr als andere, sind weniger gehemmt, gehen Risiken ein, reagieren impulsiv und übertreten die Grenzen anderer. Trifft ein solches Kind auf eine Fachkraft, deren Autonomiebestrebungen eher unterdrückt wurden, kann es dazu führen, dass diese nun das Tun des Kindes **ausbremst** und blockiert. „Sei nicht so laut", „Jetzt bleib doch mal still sitzen!", „Konzentrier dich!", „Halt den Mund und lass die anderen ausreden!", „Komm da sofort runter!", „Lass das, das kannst du noch nicht!", „Du sollst doch nicht so hoch klettern!". Die Liste der Sätze, die sich diese Kinder dann anhören müssen, ist lang.

Das Verhalten der Fachkraft führt bei den Kindern nach und nach zu dem Eindruck, dass jegliche Form des selbsttätigen Tuns nicht richtig und sogar gefährlich sein kann. Das kann zu verborgenen Wut- und Ohnmachtsgefühlen führen.

Beispiel

Autonomie unterbinden

Die vierjährige Lilli möchte gerne mit ihrer Freundin alleine im Garten spielen. Als sich Lilli mit ihrem Anliegen an Fachkraft Florian wendet, lehnt er die Bitte ohne große Überlegung ab. Ihm erscheint es zu gefährlich, die beiden vierjährigen Mädchen alleine nach draußen gehen zu lassen.

In einer anderen Situation hindert Florian den dreijährigen Felix daran, auf das Klettergerüst zu steigen. Florian äußert die Sorge, dass Felix herunterfallen und sich wehtun könnte.

Fachkraft Florian ist als Sohn einer überängstlichen Mutter aufgewachsen. Er wurde ständig ausgebremst, wenn er etwas selbstständig, etwas Neues ausprobieren wollte. Als Kind fühlte er sich deswegen manches Mal wütend und ohnmächtig. Seine Mutter traute ihm wenig zu, nahm ihm alle Schwierigkeiten ab und tat alles für ihn, damit er keine Frustration erleben musste. Als Fachkraft hat Florian nun das Gefühl, ständig eingreifen und regulieren zu müssen, damit die Kinder nicht traurig oder ärgerlich werden und unbeschadet wieder nach Hause gehen können. Selbstständiges Ausprobieren und Experimentieren ist für ihn mit Gefahren verbunden, die er von den Kindern abzuwenden und fernzuhalten versucht.

So wie Florian in unserem Beispiel geht es einigen Fachkräften. In vielen unterschiedlichen Alltagssituationen wird die **Autonomieentwicklung der Kinder unterbunden.** Die Kinder dürfen sich zum Beispiel das Essen nicht selbst auf den Teller tun, mit der Begründung, dass sie sich sonst zu viel nehmen würden und es nicht aufessen könnten. Sie werden daran gehindert, ein Getränk selbst einzugießen, weil das Glas dann überlaufen könnte. Die Fachkräfte entscheiden mit gut gemeinter Absicht, was die Kinder draußen anziehen sollen, aus Sorge vor einer Erkältung.

Diese Fachkräfte meinen es gut und sind sehr fürsorglich. Dabei verlieren sie jedoch die Bedürfnisse und das individuelle Können der Kinder aus den Augen. Sie trauen ihnen wenig zu. Die Angst, den Kindern könnte etwas passieren oder sie würden zu viel Frustration erleben, ist ihr ständiger Begleiter.

6.2 In die Selbstständigkeit drängen

Auf den ersten Blick ganz anders und dann doch wieder sehr ähnlich ergeht es Kindern, die mit einem eher **schüchternen Temperament** geboren werden. Sie erleben nicht selten, dass sie hin und wieder in die Selbstständigkeit gedrängt werden. „Sei doch mutiger!“, „Komm, trau dich!“, „Du bist ja ein Angsthase!“ sind Sätze, die sie häufig zu hören bekommen. Die Kinder lernen: „So, wie ich bin, bin ich nicht in Ordnung!“ Das schmerzt. Diese Traurigkeit und der ständige Gedanke, anders sein zu müssen, prägen sich als belastende Erinnerung in das Gedächtnis ein.

Beispiel

Zur Selbstständigkeit drängen

Fachkraft Emma hat sich zum Ziel gesetzt, die fünfjährige Aliah etwas aus der Reserve zu locken. Sie möchte, dass das schüchterne Mädchen mutiger wird. Emma nimmt sich vor, Aliah zu ermutigen, mit ihr zum Bäcker um die Ecke zu gehen, um zusammen Brötchen für die gesamte Gruppe zu kaufen. Aliah freut sich, dass sie als einziges Kind mit zum Bäcker gehen darf. Auf dem Weg dorthin bestärkt Emma das Mädchen und sagt: „Weißt du, heute kannst du die Brötchen für uns bestellen. Was hältst du davon?" Aliah reagiert zögerlich mit einem Lächeln.

Beim Bäcker angekommen traut sich Aliah jedoch nicht, die Verkäuferin anzusprechen; sie verstummt und schaut die Frau nicht an. Emma gibt dem Mädchen einen Schubs und sagt: „Komm Aliah, wir machen das zusammen!" Aber Aliah möchte nicht. Emma ist frustriert, sie sagt flapsig „Dann halt nicht!" und bestellt selbst die Brötchen. Auf dem gesamten Weg zurück zur Kita sagt Emma kein Wort. Sie ist sauer auf Aliah. Die Wut in ihr wird immer größer, und sie muss sich auf die Lippen beißen, um nicht irgendwelche abwertenden Dinge zu Aliah zu sagen. In der Kita ist sie so von schlechten Gefühlen überschwemmt, dass sie erst einmal Pause machen muss. Ihr gesamter Tag wird nun von einer schlechten Stimmung getrübt. Sie motzt die Kinder an und ist auch noch am Abend zuhause schlecht gelaunt.

Dieses Beispiel zeigt, dass bei Emma Gefühle ausgelöst wurden, die mit der Situation an sich nur marginal etwas zu tun haben. **Ihre Enttäuschung,** ihr Frust, ihre Traurigkeit und ihr Ärger stammen aus anderen Zeiten. Vielleicht war sie selbst als Kind schüchtern gewesen und wurde gedrängt, mutiger zu sein, anders zu sein. Sie war von ihren Eltern nicht so angenommen worden, wie sie ist, mit ihrem feinen, sensiblen Charakter. Das hinterließ bei Emma eine Traurigkeit und den Glaubenssatz: „Schüchtern sein ist nicht in Ordnung. Ich bin nicht o.k.!"

Die Vorstellung, Kinder müssten sich früh genug selbstständig anziehen, sie müssten bereits früh bei anderen Personen bleiben oder sich selbstständig beruhigen, zeugt von einer tiefsitzenden Angst, das Kind könnte nicht selbstständig werden. Diese Angst könnte noch aus einem generationsübergreifenden Trauma stammen, das sich nun hartnäckig hält: **Die Angst vor dem Verwöhnen.** Aus diesem Trauma heraus entstehen Ängste, Traurigkeit und Unsicherheit, die tief verankert und unverarbeitet sind. Ist ein Kind nun bedürftig, fordert zum Beispiel Unterstützung beim Anziehen ein, obwohl es sich eigentlich selbst anziehen kann, werden innere Stimmen laut, die sagen: „Du darfst dem Kind nicht helfen, sonst wird es nicht selbstständig!" Große Unsicherheit oder sogar Schuldgefühle machen sich breit, sobald dem Kind doch geholfen wird.

6.3 Grenzen spüren und „Nein" sagen

In der Autonomiephase entdeckt ein Kind seine Ich-Identität und damit die Möglichkeiten des **eigenen Willens.** Es will herausfinden, wer es ist und was es alles kann. Bei der Erforschung seiner eigenen Möglichkeiten stößt es an Grenzen, seine eigenen und die der anderen. Einerseits hört das Kind oftmals das begrenzende Nein der Erwachsenen und andererseits nutzt es ein Nein, um die eigenen Wünsche, Bedürfnisse und Grenzen kundzutun.

Für die weitere Entwicklung ist es wichtig, dass ein Mensch seine Grenzen kennt und diese auch vertreten kann. So auch pädagogische Fachkräfte im Kita-Alltag. Was passiert aber, wenn die Fachkraft selbst als Kind kein „Nein" äußern durfte? Sie wird ihre Grenzen im Heute vermutlich nicht gut spüren, wird sie nicht ernst nehmen und nicht kommunizieren können. Eventuell wird sie andere dafür verantwortlich machen, dass sie keine Rücksicht auf sie nehmen. Die Fachkraft wird in aller Regel möglichst viel tut, um anderen zu gefallen – den Kindern, Eltern sowie Kolleginnen und Kollegen. Für eine authentische Beziehung ist es jedoch enorm wichtig, dass Grenzen geachtet und kommuniziert werden. Andernfalls hat das Gegenüber, das Kind, der Kollege oder die Kollegin, nicht die Chance, darauf zu reagieren. Und das verunsichert.

Beispiel

Verhinderte Autonomiephase in der Kindheit

Fachkraft Erika stellt in der Arbeit zunehmend fest, dass es ihr unglaublich schwerfällt, Kindern, Eltern und im Team etwas auszuschlagen und auch einmal „Nein" oder „Das möchte ich nicht" zu sagen. Sie fühlt sich zunehmend ausgenutzt. Es macht Erika traurig, dass immer wieder sie diejenige ist, die im Vertretungsfall einspringt oder Zusatzaufgaben übernimmt.

Erika sucht ein Coaching auf mit dem Ziel, ihre Grenzen herauszufinden und auch einmal „Nein" zu sagen. Während der Sitzungen kommt der Coach auf die Zeit ihrer Autonomiephase zu sprechen. Erika erzählt, dass ihre Mutter schwer krank war und der Vater sich schon seit geraumer Zeit von der Familie getrennt hatte. Aus ihren Worten wird sehr deutlich, dass in dieser Entwicklungsphase kein Raum für die Autonomiebestrebungen der kleinen Erika existierte. Jedes „Nein" von Erika wurde im Keim dadurch erstickt, dass sie dafür gelobt wurde, wenn sie nicht auffiel, brav war und nicht zur Last fiel. Erika lernte, dass sie dann Aufmerksamkeit bekommt, wenn sie der kranken Mutter zur Hand geht. Auch damals war Erika oft sehr traurig und bedrückt. Sie verinnerlichte, dass es besser ist, die eigenen Bedürfnisse und Grenzen zu übergehen. Das führte so weit, dass sie ihr Gefühl dafür gänzlich abspaltete und im Erwachsenenalter sagt: „Ich weiß nicht, was ich will."

Gemeinsam mit dem Coach erarbeitet Erika kleine Schritte, in denen sie übt, „Nein" zu sagen. Bei den ersten Malen berichtet sie von Schuldgefühlen, wenn sie sich einmal traut. Doch nach und nach fällt es Erika leichter.

So wie Fachkraft Erika geht es vielen Menschen. Es fällt Ihnen schwer, Nein zu sagen und sich abzugrenzen. Sie hoffen auf Anerkennung und Wertschätzung, bekommen aber oft das Gegenteil. Wenn sie es hingegen schaffen, sich zu positionieren, plagen sie Schuldgefühle. Das kommt nicht von ungefähr; auch Erika war es gewohnt, dass ein sich selbst Abgrenzen mit schmerzhaften Reaktionen verbunden war, das Übergehen von eigenen Bedürfnissen und Grenzen hingegen positiv beantwortet wurde. Wichtig ist es nun, die eigenen Reaktionen und Gefühle zu verstehen und ihre Bedeutung für das Zusammensein mit den Kindern zu reflektieren.

Hier wird deutlich, wie wichtig es für die Identitätsfindung und Persönlichkeitsentwicklung eines Menschen ist, Grenzen zu erkennen und „Nein" sagen zu dürfen. Jede Fachkraft sollte daher ihre eigene Fähigkeit zur Selbstständigkeit, zur Wirksamkeit und die Achtung ihrer Grenzen reflektieren. In diesem Prozess kann sie sich dabei beobachten, wie gut es ihr gelingt, die Autonomiephase der Kinder zu begleiten, den Willen und die Freiheitsbestrebungen der Kinder als erwünscht zu begrüßen und das Nein eines Kindes als wichtigen Entwicklungsschritt seiner Autonomieentwicklung zu feiern.

7 Strategien beobachten

Wenn der Wind des Wandels weht, bauen die einen Schutzmauern, die anderen bauen Windmühlen.

CHINESISCHE WEISHEIT

Bleiben in der Kindheit wichtige körperliche oder psychische Bedürfnisse dauerhaft unerfüllt, werden **Schutzstrategien** entwickelt, um die Erfüllung zu sichern. Frühzeitig lernt der Organismus unbewusst, welche alternativen Wege es gibt, um sich Kernbedürfnisse zu erfüllen und somit zu überleben (vgl. Heller & LaPierre 2012, S. 13ff.). Menschen wenden in der Kindheit eine Bandbreite an Strategien an, um insbesondere Bindung und emotionale Sicherheit aufrechtzuerhalten.

Kinder entwickeln also **Bewältigungsstrategien** (Copingstrategien), die ihnen in herausfordernden Situationen helfen, Bindung zu Sicherheit gebenden Erwachsenen herzustellen und so ihr Überleben zu sichern (vgl. Lazarus 1999). Diese Strategien tragen sie, wenn sie unreflektiert bleiben und keine neuen Erfahrungen hinzukommen, bis in ihr Erwachsenenleben hinein. Je nachdem, ob es sich um Strategien handelt, die gesund und zielführend oder eher hinderlich oder sogar verletzend sind, macht es Sinn, sie genauer unter die Lupe zu nehmen.

7.1 Kampf, Flucht und Erstarrung

Gerät der Mensch immer wieder in Situationen, die seine **Verarbeitungsmechanismen** übersteigen, reagiert sein Körper ganz von selbst mit den drei Bewältigungsstrategien:

- Kampf
- Flucht
- Erstarrung

Diese Strategien sind im ursprünglichsten Gehirnteil (Hirnstamm) verankert. Das autonome Nervensystem greift auf diese Strategien zurück, wenn es eine akute Bedrohung gibt und der Mensch unter starkem Stress steht. Dieser Teil sichert dann das Überleben, während andere Gehirnteile im Moment ausgeschaltet werden. Einfühlungsvermögen und planvolles Handeln sind unter diesen Umständen nicht mehr möglich (vgl. Kapitel 3.1).

Beispiel

Fluchtstrategie

Fachkraft Irmi bemerkt, dass sie immer in der gleichen Situation die Flucht ergreift. Beginnen Kinder zu streiten, flüchtet sie sich schnell in einen anderen Raum, sodass sie den Konflikt nicht mehr mitbekommt. Oft können die Kinder den Konflikt dann unter sich klären oder ihre Kollegin unterstützt sie bei der Lösung. Doch ist Irmi alleine in der Gruppe, müssen die Kinder mit dem Konflikt und ihrer Hilflosigkeit ebenfalls alleine bleiben. Irmi kann dann keine Stütze sein. Ihr Organismus nutzt die Fluchtstrategie, um dem eigenen Schmerz aus dem Weg zu gehen – Irmi verdrängt die schlechten früheren Erfahrungen und die damit verbundenen Gefühle von Angst und Ohnmacht.

Kann Irmi ihre **Schutzstrategie der Flucht** sehen und verstehen, dass sie auf eine eigene Erfahrung hinweist, die nicht mehr aktuell ist, kann sie sich dieser Erinnerung zuwenden. Können die Kinder trotzdem gut unterstützt werden, bleibt diese Strategie unproblematisch. Führt sie jedoch dazu, dass Kinder häufig mit ihrer Ohnmacht und ihrem Schmerz alleingelassen werden, sollten Kolleginnen und Kollegen Irmi darauf aufmerksam machen und sie bei ihrer Reflexion unterstützen.

Strategien beobachten

- Welche Strategien wende ich in schwierigen Situationen an?
- Wann verdränge ich Konflikte?
- Wann flüchte ich aus einer Situation?
- Wann kämpfe ich, werde z.B. laut?
- Wann rede ich mir etwas selbst schön?

Ob eine Kampf-, Flucht- oder Erstarrungs-Reaktion einsetzt, hat viel mit dem akuten Stresslevel aufgrund der Rahmenbedingungen und äußeren Gegebenheiten zu tun. Je mehr Stress jemand empfindet, desto eher greift das Nervensystem auf diese ursprünglichen Überlebensstrategien zurück.

Es kommt jedoch auch darauf an, wie viel Überlebensstress der Organismus seit der Geburt ausgesetzt war. Auf dieser Grundlage entwickelt sich ein entsprechendes Stress-Toleranz-Fenster (vgl. Siegel 2012). Innerhalb dieses Fensters kann Stress gut verarbeitet werden, darüber hinaus greifen die Schutzmechanismen des autonomen Nervensystems (vgl. Kapitel 10).

7.2 Beziehungsstrategien reflektieren

In der Bindungsforschung gibt es drei wesentliche Strategien, die Menschen erwerben können, um Beziehung aufzubauen und aufrechtzuerhalten (vgl. Kapitel 5):

- **Strategie für gesunde Beziehungen:** Gefühle und Bedürfnisse werden wahrgenommen, angenommen und passend kommuniziert.
- **Vermeidende Strategie:** Die Wahrnehmung bestimmter Gefühle und Bedürfnisse wird vermieden, um Beziehung herzustellen oder aufrechtzuerhalten.
- **Klammernde Strategie:** Aus Angst, die Beziehung zu verlieren, wird geklammert und sich gänzlich nach dem Gegenüber ausgerichtet. Grenzen werden dabei hin und wieder übertreten.

Auch pädagogische Fachkräfte haben in ihrem Leben Strategien erworben, mit denen sie Beziehung herstellen und aufrechterhalten. Weil sie während des gesamten Arbeitsalltags damit konfrontiert sind, Beziehungen zu gestalten – zu Kindern, Eltern, Kolleginnen und Kollegen – macht es Sinn, sich diese eigenen Beziehungsstrategien genauer anzusehen.

Die vermeidende Strategie

Eine Schutzstrategie besteht darin, Gefühle zu unterdrücken. Viele Menschen verbinden mit dieser Strategie mehr Sicherheit, Anerkennung, Liebe und Zuwendung als bei authentischem Verhalten. Durch die Vermeidung bestimmter Gefühle scheint in der Erinnerung eine Erfüllung der Bedürfnisse wahrscheinlicher.

In der Praxis äußert sich eine vermeidende Beziehungsstrategie darin, dass die Gefühle von Eltern, Kindern, Kolleginnen und Kollegen abgetan werden, Konflikten lieber aus dem Weg gegangen wird und Bedürfnisse weniger ernstgenommen werden. Fachkräfte mit dieser Strategie haben zu große Angst vor aufkommenden Gefühlen und für sie schmerzhaften Konsequenzen.

Die klammernde Strategie

Bei Fachkräften mit einer klammernden Strategie fällt auf, dass sie mit den Kindern und Eltern ganz eng sein wollen. Sie wollen ihre besten Freunde sein. Um die engen Beziehungen aufrechtzuerhalten, tun sie alles, damit Kinder und Eltern sie mögen. Dabei vergessen diese Fachkräfte dann oft sich selbst. Mit der klammernden Strategie versuchen sie, immer wieder zu kontrollieren, ob Kinder und Eltern sie noch mögen. Zu beobachten ist häufig, dass viel körperliche Nähe hergestellt wird, um eigene Bedürfnisse der Nähe und Sicherheit zu stillen. Dabei kommt es manchmal zu Grenzüberschreitungen. Grenzen von Kindern und Eltern werden nicht wahrgenommen, es steht die eigene Angst vor Beziehungsverlust im Vordergrund.

Die Strategie für gesunde Beziehungen

Fachkräfte, die über eine Strategie für gesunde Beziehungen verfügen, sind dazu in der Lage, die Signale der Eltern und Kinder zum Beispiel in der Eingewöhnung gut wahrzunehmen und zu deuten. Ihnen gelingt es, Vertrauen zu den Kindern aufzubauen und deren Signale adäquat zu beantworten. Die Gefühle und Bedürfnisse von Eltern und Kindern bekommen Raum: Sie dürfen weinen, wütend werden, sich hilflos und ohnmächtig zeigen. Die Fachkraft ist dazu in der Lage, sich den Signalen der Kinder und Eltern feinfühlig zuzuwenden. Auch die Fachkraft selbst ist dazu fähig, ihre eigenen Gefühle und Grenzen zu spüren, zu kommunizieren und sich ihre Bedürfnisse passend zu erfüllen. Fachkräfte mit einer gesunden Beziehungsstrategie sind in Verbindung mit den anderen aber auch mit sich selbst. Sie haben Vertrauen entwickelt, dass Beziehung ohne Verlustangst und ohne Vermeidungsstrategien möglich ist.

7.3 Abwehrmechanismen

Die Psychoanalytikerin Anna Freud, Sigmund Freuds Tochter, beschäftigte sich ausführlich mit der Fähigkeit der Psyche, mit konfliktreichen Situationen umzugehen. Sie etablierte den Begriff der Abwehrmechanismen (vgl. Freud 1984). Abwehrmechanismen sind für die Psyche überlebensnotwendig und sinnvoll. Hätten Fachkräfte keine Abwehrmechanismen, könnten sie für die Kinder keine Halt gebende Instanz sein. Womöglich wären sie dann ein unzugängliches Gefühlswesen ohne Anker und Halt.

Tragen Menschen jedoch zu viele konfliktreiche Erinnerungen in sich, die nicht verarbeitet sind, muss ein hohes Maß an Abwehrmechanismen in Gang gesetzt werden, um funktionsfähig zu bleiben. Wenn Gefühlsinhalte oder Erlebtes durch die Verdrängung gänzlich unbearbeitet bleiben, kann das krank machen. Auch innere Wertekonflikte brauchen starke Abwehrmechanismen, um sie „aushalten" zu können. Geht eine Kollegin zum Beispiel ganz anders mit den Kindern um als man es selbst tun würde, begleitet mich ein innerer Konflikt. Nun habe ich die Möglichkeit zu verschiedenen Abwehrstrategien: Verdrängung, Leugnung, Schönreden, den entstandenen Frust am Abend auf den Partner projizieren – oder ich kann die Situation mit der Kollegin besprechen.

Zu viele Abwehrmechanismen können auch dazu führen, dass Beziehungen nicht tragfähig oder gar schädlich sind. Projiziere ich zum Beispiel meine eigenen Unzulänglichkeitsempfindungen immer wieder auf die Kinder, ist der Abwehrmechanismus der Projektion für die mir anvertrauten Kinder schädlich. Sie werden erniedrigt, weil mein Selbstwert leidet und ich diesen Schmerz auf die Kinder übertrage. Der Abwehrmechanismus der Projektion ist in diesem Fall also wenig hilfreich. Besser wäre es, sich mit dem mangelnden Selbstwert auseinanderzusetzen und diesen für sich selbst zu stärken (vgl. Kapitel 8.3). Dadurch verringert sich die Notwendigkeit des Abwehrmechanismus.

Hier einige für die Reflexion des pädagogischen Handelns relevante Abwehrmechanismen:

ABWEHRMECHANISMUS	ERKLÄRUNG
VERDRÄNGUNG	Angstauslösende Empfindungen werden ins Unbewusste weggedrängt.
VERLEUGNUNG	Realitätsaspekte werden nicht anerkannt.
VERSCHIEBUNG	Gefühlsenergie wie Wut wird an einer Person entladen, die nichts damit zu tun hat.
PROJEKTION	Unbewusste Gefühle und Bedürfnisse werden auf das Gegenüber übertragen.
REGRESSION	Eine zeitweise Rückstufung auf eine frühere-Entwicklungsstufe findet statt.
RATIONALISIERUNG	Aufgrund unbewusster Gefühle wird zum Beispiel das folgende Verhalten mit rationalen Argumenten gerechtfertigt.

BEISPIEL

Ich ärgere mich über das Verhalten von Kolleginnen und spreche mein Gefühl aus Angst vor dem Konflikt nicht an. Irgendwann äußert sich die Verdrängung in Bauchschmerzen.

Ein Kind möchte sichtlich nichts mehr essen. Diese Tatsache leugne ich und übergehe die Signale des Kindes, weil eine alte innere Angst sagt, dass das Kind nicht ausreichend isst.

Ich bin eigentlich auf meine Kollegin sauer, weil sie mich aufgrund ihrer Krankmeldung mit den Kindern alleine lässt, lasse den Frust nun jedoch an den Kindern aus.

Mir geht es momentan nicht gut, ich brauche ganz viel Trost und Zuneigung. Dieses Bedürfnis projiziere ich auf die Kinder und tröste sie, wo es nicht notwendig ist.

Ein Kind nimmt einem anderen etwas weg. Aus einem alten inneren Konflikt heraus werde ich selbst wieder zum Kind und entwende nun meinerseits mit den Worten „Dann nehme ich dir eben auch das Spielzeug weg!“ den Gegenstand. Ich reagiere wie ein Kind und nicht erwachsen, ich regrediere.

Ein Kind ist heute den ganzen Tag über traurig. Ich kann diese lang anhaltende Traurigkeit aufgrund eigener früherer Erfahrungen nicht gut aushalten und versuche, mir immer wieder durch rationale Argumente die Situation zu erklären. Ich sage: „Schau mal, du musst nicht weinen, die Mama muss doch jetzt arbeiten!“

7.4 Reinszenierung als Schutzstrategie

Um sich sicher zu fühlen, suchen viele Menschen nach Szenarien und Personen, die ihnen in ihrer Art bekannt sind. Zum Beispiel: Der Freundeskreis wird danach ausgewählt, ob ähnliche Werte gelebt werden wie die eigenen. Es stellen sich wohltuende Gefühle ein, wenn Beziehungen gelebt werden, die man gewohnt ist. Ist Harmonie das oberste Gebot in der eigenen Familie gewesen, wird ein Umfeld der Wohlfühlort sein, wo wenige Konflikte drohen und Übereinstimmung herrscht. Das gibt Sicherheit. Freundschaften mit Konfliktpotenzial werden hingegen gemieden, weil sie verunsichern. Hat man dagegen erlebt, dass Kritik und Erniedrigung zu einer Beziehung dazugehören, wird auch ein solches Umfeld aufgesucht.

Dieses Phänomen ist nicht verwunderlich. Hier kann erneut die Neurowissenschaft zurate gezogen werden: Der belohnende Neurotransmitter Dopamin wird sowohl bei negativem als auch bei positivem Erfolg ausgeschüttet (vgl. Stangl 2018). Dem Gehirn ist es egal, ob die Erwartung negativ oder positiv war. Auch aus diesem Grund suchen sich noch immer manche Frauen, die in ihrer Kindheit Gewalt erlebt haben, Partner aus, die ebenfalls Gewalt ausüben.

Bindungserfahrungen werden **auch in der beruflichen Praxis reinszeniert** (vgl. Schleiffer & Gahleitner 2010). Es kann davon ausgegangen werden, dass Fachkräfte ihre eigenen Beziehungserwartungen und Beziehungserfahrungen mit den Kindern wiederholen, weil es das ist, was sie kennen. Andere Strategien stehen kaum zur Verfügung.

Es ist wichtig, sich **bewusst** zu sein, dass Beziehungserfahrungen als Schutzstrategie reinszeniert werden. Auch pädagogische Fachkräfte sollten sich klarmachen, dass sie in aller Regel nicht wirklich frei darin sind, wie sie Beziehung gestalten. Es sei denn, sie sind offen für **Veränderung und Entwicklung.** Die eigene Reinszenierungspraxis kann nur unterbrochen werden, indem Reinszenierungsstrategien reflektiert werden.

Dabei können folgende Leitsätze hilfreich sein:

- **Ich mache mir bewusst, dass ich Beziehung so lebe, wie ich es von früher gewohnt bin.**
- **Ich mache mir bewusst, dass Aspekte meiner Beziehungsgestaltung gesund oder ungesund sein können.**
- **Ich überlege, welche Aspekte konflikthaft oder ungesund sein könnten.**
- **Ich bin bereit, Beziehungserfahrungen zu verändern und neue Wege zu gehen.**
- **Ich beobachte meine Kolleginnen und Kollegen und lerne, wie sie Beziehung gestalten, um mir neue Strategien zu vergegenwärtigen.**
- **Ich übe neue Strategien ein.**

Beispiel

Reinszenierung

Fachkraft Marion war es aus ihrer Kindheit gewohnt, dass körperliche Nähe kein Teil der Beziehungsgestaltung ist. Heute als Erzieherin in einem Kindergarten ist sie diejenige, die am wenigsten körperliche Nähe zu den Kindern zulassen kann. Deshalb arbeitet Marion auch lieber im Kindergarten oder im Hort, weil die Kinder dort weniger Nähe suchen als in der Krippe. Zu viel körperliche Nähe macht Marion Angst. Es verunsichert sie, weil sie diese Art der Beziehungsgestaltung nicht gewohnt ist.

Eine andere Strategie wäre die **Überkompensation** eigener erlebter Defizite, indem Marion zum Beispiel unbedingt in der Krippe arbeiten möchte, um ihre eigenen unerfüllten Bedürfnisse nach Zuwendung und Nähe zu stillen.

7.5 „Es hat mir doch auch nicht geschadet!“ als Abwehrstrategie

Möchte man in der Pädagogik neue Impulse geben und Veränderungen anstoßen, ist man früher oder später mit der Antwort konfrontiert: „Warum sollen wir denn jetzt schon wieder alles anders machen. Ich habe meine Kinder auch auf diese Weise großgezogen, und es hat ihnen nicht geschadet!“ Vielen Menschen fällt es schwer, sich auf Neues einzulassen, weil es bedeutet, alte Gewohnheiten zu verlassen und Schutzmauern einzureißen. Insbesondere, wenn es sich um eigene blinde Flecken, Triggerpunkte oder unverarbeitete Anteile der Persönlichkeit handelt, stellt es eine Herausforderung dar, die Auseinandersetzung damit zuzulassen. Es ist nicht leicht, die inneren Verletzungen und Ängste wieder zu spüren. „Das ist ein ganz **natürlicher Schutzmechanismus“** schreibt Stefanie Stahl in ihrem Buch „Das Kind in dir muss Heimat finden“ (2015, S. 49). Aus Schutz wird eine Reflexion schmerzhafter Anteile abgewehrt.

Die menschlichen Psyche nutzt gewöhnlich zwei Strategien, um die Kontrolle über überfordernde Situationen zu bewahren und Anstöße von außen abzuwehren: Entweder redet man sich ein, dass etwas nicht so schlimm ist (external), oder denkt, dass es an einem selbst liegt (internal). Veränderungen abzuwehren ist zunächst einmal eine verständliche Strategie, um schmerzhafte Erinnerungen fernzuhalten. In diesem Fall sollten sich Teammitglieder davor hüten, die Kollegin oder den Kollegen mit Abwertungen, Lockungen oder Ablehnung zu strafen. Überredung und Zwang sind wenig hilfreich. Bei starken Abwehrreaktionen ist hingegen ein besonders behutsames Vorgehen notwendig, auch, um mögliche Retraumatisierungen zu vermeiden.

Das innere Kind und seine Glaubenssätze entdecken 8

Wenn wir ein Kind vor uns haben, haben wir es immer mit zwei Kindern zu tun. Dem Kind, das vor uns steht, und dem Kind, das man selbst einmal war. JANUSZ KORCZAK

Janusz Korczak beschreibt, dass eine pädagogische Fachkraft im Kontakt mit den ihr anvertrauten Kindern immer wieder **mit den Erfahrungen aus der eigenen Kindheit in Berührung** kommt. Nicht umsonst berichten viele Eltern, dass sie sich selbst nochmals ganz anders kennengelernt haben, als sie selbst Kinder bekamen. Kinder im Außen wecken das innere Kind in uns auf. Wir blicken ihm in die Augen, sehen, was es damals gebraucht hätte und fühlen uns meist unbewusst daran erinnert, was schön, aber auch, was schmerzhaft war.

Deshalb erhöht auch das Zusammensein mit Kindern im beruflichen Kontext die Wahrscheinlichkeit, über die Kinder als Spiegel mit dem eigenen inneren Kind – mit den schönen, aber auch den verletzten Anteilen – in Kontakt zu kommen. Werden diese Anteile nicht reflektiert, sehen wir uns in den Kindern, übersehen dadurch ihre wahrhaftige Persönlichkeit oder fühlen uns durch sie getriggert. Nicht selten geht unser eigenes inneres Kind in einen Kampf mit dem vor uns stehenden Kind; wir sehen dann zwei Kinder, die um Zuwendung ringen, sich jedoch gegenseitig abwehren.

Das therapeutische Konzept zur Auseinandersetzung mit dem inneren Kind von John Bradshaw entstand erst in den 1970er Jahren, viele Jahre nach Korczaks Tod. Heute versteht man unter dem inneren Kind die neurobiologisch gespeicherten **Gefühle, Erinnerungen und Erfahrungen aus der Kindheit.** Das innere Kind ist ein klar definierbares Sinnbild für die gemachten Erfahrungen in der Kindheit und die Problemlösestrategien, die sich als Nervenverbindungen im Gehirn abgespeichert haben.

Das innere Kind setzt sich zusammen aus dem fröhlichen, **unbeschwerten Anteil** und dem traurigen, wütenden, **verletzten Anteil** eines Menschen. Dieser zweite Teil mit seinen aus den Verletzungen heraus geprägten **Glaubensgrundsätzen** beeinflusst häufig die pädagogische Fachkraft im Umgang und in der Begegnung mit Kindern, Eltern und Team weit mehr als man denkt.

Glaubenssätze sind innere Überzeugungen, Interpretationen und Verallgemeinerungen, die sich aus (Kindheits-)Erfahrungen entwickelt haben und als innerer Dialog bemerkbar machen.

Ziel der Auseinandersetzung mit dem inneren Kind ist die reflexive **Aussöhnung** mit den in der Kindheit erlebten Verletzungen und unbeantworteten Bedürfnissen. Eine besondere Funktion kommt dabei dem sogenannten **inneren Erwachsenen** (dem Erwachsenen-Ich) zu. Dabei handelt es sich um den klaren Verstand und die Vernunft eines Menschen, die wichtige Grundlagen für die Reflexion und Problemlösung bilden (Stahl 2017, S. 10). Der Verstand ermöglicht zum einen, die Verletzungen der Kindheit aus der Distanz zu betrachten und sie durch einen Perspektivwechsel umzudeuten. Zum anderen wird durch die Reflexion deutlich, dass der geliebte und ungeliebte Anteil in einem Menschen untrennbar zusammengehören. Beide Teile stützen und unterstützen sich gegenseitig und sind gemeinsam ein Ganzes (vgl. Abbildung).

Die Versöhnung des inneren Kindes

Die Auseinandersetzung mit den eigenen **Glaubenssätzen** und **Glaubenssystemen** im pädagogischen Alltag spricht insbesondere die denkende Ebene der Reflexion an (vgl. Kapitel 3.2). Hierbei wird es möglich, die Gedanken im Kopf in bestimmten Situationen oder ganze Glaubenskonstrukte zu bemerken und zu verändern.

Gründe für die Auseinandersetzung mit dem inneren Kind

- Die Beschäftigung mit dem inneren Kind ermöglicht ein größeres Bewusstsein dafür, warum im Umgang mit einzelnen Kindern bestimmte Gefühle aufkommen.
- Dieses Bewusstsein erleichtert das Annehmen der unterschiedlichsten Gefühle.
- Alte Verletzungen können erkannt und versöhnt werden.
- Eigenen Bedürfnisse, Träume, Ressourcen und Fähigkeiten können erkannt werden.
- Es wird möglich, Verantwortung für sich selbst im Hier und Jetzt zu übernehmen und sie nicht auf Eltern, Kinder, Kolleginnen und Kollegen zu übertragen.
- Durch eine bessere Selbstfürsorge kann ein Mensch auch besser für andere sorgen.

(vgl. Missildine 2012, S. 21ff.)

Bei der Reflexion, inwieweit sich das innere Kind aus der Vergangenheit mehr oder weniger gut versorgt gefühlt hat, spielen die vier psychischen Grundbedürfnisse Nähe und Bindung, Autonomie und Kontrolle, Lustbefriedigung und Unlustvermeidung sowie Selbstwerterhöhung und Anerkennung eine wesentliche Rolle.

Die vier psychischen Grundbedürfnisse

- **Nähe und Bindung** gehören von Geburt an zu den seelischen Bedürfnissen des Menschen (vgl. Kapitel 5).
- **Autonomie und Kontrolle** als weitere Bedürfnisse äußern sich in dem angeborenen Erkundungsdrang und dem Wunsch nach Selbstwirksamkeit der Kinder. Dazu gehört auch, seine Grenzen zu kennen und „Nein" zu sagen (vgl. Kapitel 6).
- **Lustbefriedigung und Unlustvermeidung** werden auf unterschiedlichen Wahrnehmungskanälen zum Beispiel beim Essen, bei der Bewegung, beim Betrachten eines Bilderbuchs oder im gemeinsamen Tun mit anderen erfahren. Diese Empfindungen sind mit unseren Emotionen verbunden und dienen so als wesentliche Grundlage für Motivation. Das Kind und auch der Erwachsene streben danach, Lust zu gewinnen und Unlust zu vermeiden. Angenehmes wird bevorzugt, Unangenehmes eher vermieden. Im Verlaufe der Entwicklung lernt der Mensch so, Situationen einzuschätzen. Er erwirbt nach und nach die Fähigkeit, Bedürfnisse aufzuschieben, Frustrationstoleranz, Motivationsaufschub und Triebverzicht.
- **Selbstwerterhöhung und Anerkennung** sind weitere wichtige Grundbedürfnisse. Anerkennung und Gesehenwerden sind ein angeborenes Bedürfnis und tief mit dem Bedürfnis nach Bindung verknüpft. Durch das Verhalten der Bindungspersonen erfährt das Kind, ob es geliebt ist oder nicht. Durch die Art und Weise, wie die Bindungspersonen mit dem Kind umgehen, entsteht das Selbstwertempfinden eines Menschen. Je nachdem, wie stark ein Mensch in seinem Sein gesehen und angenommen wurde, erfährt er sich selbst als liebenswert, angenommen und richtig oder aber als jemanden, der wenig wertvoll ist, keinen Platz in der Welt hat und nicht liebenswert ist.(vgl. Stahl 2015, S. 35ff[1]; weitere Bedürfnisse sind im Workbook in der Bedürfnisliste zu finden)

1 Stefanie Stahl, Das Kind in dir muss Heimat finden © 2015, Kailash, München, in der Penguin Random House Verlagsgruppe GmbH

Bleiben Bedürfnisse im Kindesalter unbefriedigt, kann es sowohl zu **positiven als auch negativen Prägungen** kommen. Die sich daraus entwickelnden positiven und negativen Glaubenssätze (siehe Seite 117f.) wirken oftmals unbewusst auf das Fühlen, Denken und Handeln des Erwachsenen ein.

Aufgrund **eigener unerfüllter Bedürfnisse** (vgl. Bedürfnistabelle im Workbook) in der Kindheit oder danach kann es in der pädagogischen Arbeit immer wieder dazu kommen, dass sich Fachkräfte von bestimmten Kindern besonders angesprochen oder herausgefordert fühlen. Sie reagieren oftmals aus ihrem eigenen inneren verletzten oder bedürftigen Kind heraus, ohne dies zu erkennen und zuordnen zu können.

Beispiel

Identifikation des inneren Kindes mit einem Kita-Kind

Fachkraft Christiane hat schon seit längerem den Eindruck, dass gerade Kinder aus schwierigen Familiensituationen ihre Nähe suchen. Ganz besonders fühlt sie sich aktuell zu einem Mädchen hingezogen, das für ihre fünf Jahre schon sehr vernünftig spricht und handelt. Christiane weiß, dass dessen Vater schwer krank ist und die Mutter nicht viel Zeit für das Mädchen hat. Sie bemerkt aber auch in sich ein tiefes, unerklärbares Gefühl der Traurigkeit, wenn Sie mit dem Mädchen spielt und spricht. Wenn Christiane einen Blick in ihre eigene Vergangenheit wagen würde, fielen ihr schnell die Parallelen zur eigenen Geschichte auf. Als sie rund fünf Jahre alt war, lag ihr Vater für längere Zeit im Krankenhaus. Ihre Mutter hatte wenig Zeit und machte sich große Sorgen um den Vater. Christiane war sehr auf sich gestellt und hätte sich mehr Zuwendung gewünscht. Doch verhielt sie sich vernünftig und lieb, um der Mutter nicht noch mehr Sorgen zu bereiten.

In dem Beispiel fühlt sich die Fachkraft von dem Kind angezogen und hat das Bedürfnis, sich besonders um das Mädchen zu kümmern. Für Christiane wäre es wichtig zu reflektieren, wie es zu ihrer **Affinität zum Kind** kommt und auch, ob sie dabei dessen Grenzen wahrt. Sind die eigenen Bedürftigkeiten stark im Spiel, verschwimmt manchmal die Wahrnehmung für die Bedürfnisse und Grenzen anderer.

Hin und wieder kommt es aber auch zu gegenteiligen Mechanismen: Dann fühlt sich die Fachkraft von einem solchen Kind eher **gefordert oder gar abgestoßen,** weil es sich entweder anders verhält als sie selbst als Kind und ihr inneres Kind dieses Verhalten ablehnt. Oder aber die Geschichte und das Verhalten des Kindes sind ähnlich, das innere Kind der Fachkraft erlebt die Situation jedoch als Bedrohung. Sie distanziert sich deshalb unbewusst von dem Kind vor ihr, um nicht weiter mit diesen Gefühlen in Kontakt kommen zu müssen.

Als Fachkraft ist es daher wichtig, genau nachzuspüren, welche Gefühle ein Kind in ihr auslöst (vgl. Kapitel 9) und inwieweit diese Emotionen mit den eigenen Erfahrungen und Erlebnissen aus der Kindheit in Verbindung stehen.

Das innere Kind

- Zu welchem Kind in der Gruppe fühle ich mich besonders hingezogen?
- Welche Eigenschaften hat dieses Kind?
- Welche Eigenschaften hatte ich als Kind?
- Welche Eigenschaften hätte ich als Kind gerne gehabt?
- Wo sehe ich Parallelen zu mir als Kind?

Weitere Übungen zum inneren Kind sind im Workbook unter Nr. 16, 16a, 16b und 16c zu finden.

8.1 Das innere Kind und sein Einfluss auf das Bild vom Kind

In der pädagogischen Arbeit dreht sich gerade in der Konzeptionserarbeitung viel um das Bild vom Kind bzw. um das Bild vom Menschen. Dieses Menschenbild ist der Dreh- und Angelpunkt für sämtliches pädagogisches Fühlen, Denken und Handeln. In Kapitel 2 ging es bereits um die Reflexion von Haltung, Motivation und Werten. Ergänzend hierzu hat die Art und Weise, wie die Fachkraft ihre eigene Kindheit erlebt hat, einen nicht zu unterschätzenden Einfluss. Wie Kinder sind, was Kinder wollen und brauchen und was im Zusammenleben mit den Kindern wichtig ist, wird oftmals unbewusst aus den eigenen Erfahrungen – positiv wie negativ – gespeist.

Beispiel

Einfluss des inneren Kindes auf das Bild vom Kind

Fachkraft Anna, 56 Jahre alt, ist selbst als Kind viel draußen gewesen, hat sich mit den Nachbarskindern zum Spielen auf der Straße getroffen, und einen Fernseher gab es in ihrer Familie nicht. Sie schaut heute oft mit Unverständnis auf die Kinder, die nicht gerne zum Spielen nach draußen gehen, sondern viel lieber drinnen sind und dort ihren Interessen nachgehen. Sie bemitleidet die Kinder, sich nur nach einer konkreten Verabredung zum Spielen treffen zu können; nichts ist mehr spontan möglich. Und dann treffen sich die Kinder „nur", um Videospiele zu spielen anstatt „richtig" miteinander zu spielen. Für Anna geht das, was die Kinder in ihrer Kindheit erleben, völlig an dem vorbei, was Kinder aus ihrer Sicht wirklich brauchen.

Die Fachkraft aus unserem Beispiel hat eine andere Kindheit erlebt als viele der Kinder, die sie heute betreut und begleitet. Sie überträgt jedoch das, was ihr selbst viel Freude bereitet hat, auf die Kinder und geht davon aus, dass es das ist, was Kinder wirklich brauchen. Dabei verliert Anna aus den Augen, dass die kindliche Lebenswelt sich zwischenzeitlich verändert hat und damit auch Bedürfnisse und Interessen der Kinder.

Spielen und Interessen in der Kindheit – früher und heute

- Was habe ich als Kind am liebsten gemacht? Was und wo habe ich gerne gespielt? Mit wem habe ich gerne gespielt?
- Was machen die Kinder in meiner Gruppe gerne? Was und wo spielen sie gerne?
- Was fällt mir auf, wenn ich meine Antworten auf die ersten beiden Fragen miteinander vergleiche?

Zur Vertiefung dienen die Übungen 17, 18 und 19 im Workbook.

8.2 Das innere Kind und seine Glaubenssätze

Die meisten Glaubenssätze entstehen in der Kindheit von der Geburt bis zum sechsten Lebensjahr. Es handelt sich hierbei um Überzeugungen über sich selbst, die das Kind unbewusst von wichtigen Bindungs- und Beziehungspersonen übernommen hat. Darüber hinaus verinnerlicht es auch **Grundannahmen über das Miteinander von Menschen** und darüber, **wie die Welt ist.** Wenn die eigenen Eltern die Welt für einen sicheren Ort gehalten haben, ist die Chance groß, dass auch das Kind diese Annahme übernimmt und im Erwachsenenalter verinnerlicht hat.

Glaubenssätze entstehen durch die Erfahrungen, die das Kind gemacht hat. Wenn ein Kind zum Beispiel erlebt hat, dass ihm eine Aufgabe, sobald sie beim ersten Versuch nicht klappte, abgenommen wurde, können Überzeugungen wie „Es muss alles sofort gelingen" oder „Ich kann das nicht alleine" entstehen. Manchmal reichen einzelne unbedachte Sätze aus, die als **innere Stimme** ein Leben lang nachhallen: „Du krächzt wie ein Rabe, wenn du singst." „Was hast du denn da gemalt, das erkennt ja kein Mensch." Aus solchen Äußerungen wird dann nicht selten die Schlussfolgerung gezogen, entweder unmusikalisch oder wenig kreativ zu sein. Die meisten Menschen tragen positive wie auch negative Glaubenssätze in sich, die ihr Leben und so auch den pädagogischen Alltag prägen.

Mit **positiven Glaubenssätzen** im Rucksack kann ein Mensch die **eigenen Potenziale nutzen,** sich entfalten und die eigenen Wünsche und Ziele verfolgen. Diese Art der Glaubenssätze sind motivierend, wohltuend und aufbauend. **Negative Glaubenssätze** wirken hingegen **blockierend** und ausbremsend. Sie lösen ungute Gefühle aus. Glaubenssätze bestimmen also maßgeblich, wie eine Person sich selbst und die Welt wahrnimmt und interpretiert.

In Krippe, Kita und Kindertagespflege treffen nun Fachkräfte mit einem Rucksack an eigenen Glaubenssätzen auf Kinder, die sich genau in dieser **sensiblen, formbaren Phase befinden,** in der sich Glaubenssätze entwickeln. Als wichtige Beziehungsperson nimmt die pädagogische Fachkraft zwangsläufig Einfluss auf die zukünftigen Glaubenssätze der ihr anvertrauten Kinder. Die eigenen Glaubenssätze formen Worte, die sich als Botschaften an die Kinder richten, die wiederum beim Kind neue Glaubenssätze prägen (vgl. Wedewardt 2022). Deshalb ist es wichtig, dass pädagogischen Fachkräfte sich mit den eigenen Glaubenssätzen reflektiert auseinandersetzen, bevor die eigenen Prägungen und Einstellungen erneut ungefiltert weitergegeben werden.

Glaubenssätze im inneren Dialog

Glaubenssätze werden oftmals dadurch spürbar, wie du in bestimmten Situationen eine Art inneren Dialog mit dir führst. Achte einmal in kritischen Situationen darauf, wie du selbst mit dir sprichst. Sagst du zu dir „War ja klar, dass das mir wieder passiert?", „Ich bin ja auch wirklich zu blöd" oder besänftigst du dich selbst und sagst: „Kann ja mal passieren!", „Ist nicht so schlimm!", „Das geht auch wieder vorbei!". Achte in den nächsten Tagen auf deinen inneren Dialog. Ist er eher positiv oder eher negativ geprägt?

8.2.1 Den negativen Glaubenssätzen auf der Spur

Wer sich auf die Spurensuche nach den eigenen negativen Glaubenssätzen begibt, kommt unweigerlich mit den ungeliebten und verletzten Anteilen seines Selbst in Kontakt. Mit Blick auf die vier Grundbedürfnisse kann das im Einzelnen bedeuten (vgl. Stahl 2015, S. 35ff.):

Dem Grundbedürfnis nach **Bindung und Nähe** wurde zum Beispiel durch Vernachlässigung, Ablehnung und/oder Misshandlung nicht entsprochen. Diese Vernachlässigung kann dadurch entstanden sein, dass die Bindungs- und Beziehungspersonen aufgrund ihrer Lebens- und Familienverhältnisse gestresst und überfordert, wegen Krankheit nicht verfügbar oder aufgrund von psychischen Erkrankungen stark beeinträchtigt waren. Kinder verinnerlichen dann Sätze wie „Ich falle zur Last!", „Ich bin nicht wichtig!". Diese Überzeugungen trägt das Kind höchstwahrscheinlich in sein Erwachsenenleben mit und wendet sie als pädagogische Fachkraft im Zusammensein mit den Kindern an. Das kann dann dazu führen, dass die Fachkraft enge Bindungen mit Eltern oder Kindern vermeidet, Beziehungen aufbaut und abrupt wieder abbricht oder ein eher anklammerndes Bindungsverhalten zeigt (vgl. Kapitel 5).

Das Bedürfnis nach **Autonomie und Kontrolle** kann zum Beispiel durch überbehütende Eltern, die zu viele Grenzen gesetzt und zu viele Vorschriften gemacht haben, stark eingeschränkt worden sein. Das kann dazu führen, dass die Fachkraft später an sich und ihren Kompetenzen zweifelt und sich wenig zutraut. Andererseits können auch Eltern dem Kind zu viel von dem abgenommen haben, was es selbst kann, ihm alle Stolpersteine aus dem Weg geräumt und so die natürlichen Autonomiebestrebungen des Kindes beschränkt haben. Daraus konnen sich Glaubenssätze entwickeln wie: „Ich darf mich nicht abgrenzen!" „Ich muss lieb sein!" „Die Welt ist bedrohlich!" Der weitere Glaubenssatz „Kinder sind hilflose Wesen!" lässt die Fachkraft annehmen, dass Kinder eher unselbstständig und abhängig von Erwachsenen sind. So glaubt sie, in jeder Hinsicht die Verantwortung für ein Kind übernehmen zu müssen. Im Gegensatz dazu ist es auch möglich, dass die

Fachkraft als Kind das Gefühl entwickelt hat, sich von der elterlichen Erziehung grundlegend abgrenzen zu müssen. Vielleicht erwartet sie dann von den Kindern eine frühzeitige und übersteigerte Unabhängigkeit und Selbstständigkeit (vgl. Kapitel 5).

Der **Lustbefriedigung und Unlustvermeidung** wurde nicht entgegengekommen, wenn das Kind zum Beispiel stark in seinem Lustempfinden begrenzt wurde. Das kann im Erwachsenenalter zu zwanghaftem und „genussfeindlichem", wenig flexiblem Verhalten führen und Glaubenssätze auslösen wie: „Ich darf mich nicht gehen lassen." „Ich muss meine Gelüste unter Kontrolle behalten." „Bloß nicht albern werden." Im Gegensatz dazu können diese Erfahrungen aber auch in Abgrenzung zu dem elterlichen Erziehungsverhalten zu undisziplinierten und maßlosen Lustbefriedigungen führen.

Anerkennung ist als angeborenes Bedürfnis eng mit der Bindung verbunden. Der erlebte Mangel an Zuwendung und Liebe im Kindesalter führt oftmals dazu, dass der Erwachsene sich abhängig von der Anerkennung anderer macht. Daraus resultiert häufig ein schwaches und leicht zu erschütterndes **Selbstwertgefühl.** Glaubenssätze wie „Ich genüge nicht!", „Ich bin nicht liebenswert!" sind hier bestimmend. Eine Fachkraft, die in bestimmten Situationen an diese Glaubenssätze erinnert wird und es ihr somit an Selbstwert mangelt, kann dazu neigen, sich diese Anerkennung verstärkt bei den Kindern zu holen. Sie versucht zum Beispiel, immer wieder Situationen zu erzeugen, in denen die Kinder sie bewundern.
Zur Vertiefung sind die Übungen 20 und 21 im Workbook geeignet.

Aus diesen unerfüllten Grundbedürfnissen können sich dann die unterschiedlichsten **negativen Glaubenssätze** entwickeln,

- die sich unmittelbar auf das **Selbstwertgefühl** auswirken,
- auf die sich Annahmen über die **Beziehung zu den Eltern** begründen,
- auf denen **Problemlösungsstrategien** basieren,
- woraus **Weltanschauungen** entstehen oder
- Kindern bestimmte **Eigenschaften, Verhaltensweisen und Absichten** zugeschrieben werden.

KATEGORIE	MÖGLICHE NEGATIVE GLAUBENSSÄTZE
GLAUBENSSÄTZE AUS **MANGEL AN BEZIEHUNG UND NÄHE**	Ich falle zur Last! Ich bin nicht wichtig! Ich bin unerwünscht! Ich bin allein! Alles muss ich alleine schaffen! Ich muss auf deine Gefühle Rücksicht nehmen! Nähe ist mit Schmerz verbunden!
GLAUBENSSÄTZE AUS **MANGEL AN AUTONOMIE**	Ich muss lieb sein! Ich muss alle Erwartungen erfüllen! Ich darf keinen Willen haben! Ich muss perfekt sein! Ich darf mich nicht lösen! Ich muss es alleine schaffen! Ich muss mich um dich kümmern! Abgrenzung ist mit Gefahr verbunden!

KATEGORIE	MÖGLICHE NEGATIVE GLAUBENSSÄTZE
GLAUBENSSÄTZE AUS **MANGEL AN SELBSTWERT**	Ich genüge nicht! Ich bin nichts wert! Ich bin schlecht! Ich kann nichts! Ich bin dumm! ...
GLAUBENSSÄTZE AUFGRUND EINER **MANGELNDEN BALANCE** ZWISCHEN **LUSTGEWINN UND UNLUSTVER-MEIDUNG**	Ich darf keine Pause machen! Ich muss alles geben! Ich darf keine Schwäche zeigen! Ich kann alles haben! Alle müssen sich nach mir richten! Erst die Arbeit dann das Vergnügen!
VERALLGEMEINERNDE GLAUBENSSÄTZE	Frauen sind schwach! Männer sind böse! Vertrauen ist gut, Kontrolle ist besser! Von nichts kommt nichts! Das geht sowieso schief! Alle sind gegen mich! Reden bringt sowieso nichts!
VERALLGEMEINERNDE GLAUBENSSÄTZE **ÜBER KINDER**	Kinder sind manipulativ! Das macht es nur, um mich zu ärgern! Das Kind will einen Machtkampf eingehen! Es will mich herausfordern! Das Kind provoziert mich mit seinem Verhalten! Kinder müssen hören!

(in Anlehnung an Stahl 2017, S. 84f.)

Wenn ein Mensch als Kind belastende Erfahrungen gemacht hat, bei denen eines oder mehrere seiner Grundbedürfnisse nicht erfüllt wurden, werden **diese verletzenden Erinnerungen oftmals zurückgedrängt** und abgespalten. Die Erinnerungen bleiben dann wie in einer Zeitblase in der Vergangenheit stecken und kommen unkontrolliert durch äußere Trigger, zum Beispiel besondere Eigenschaften oder das Verhalten eines Kindes, zum Vorschein. Die Fachkraft reagiert folglich überraschend heftig auf dieses Kind bzw. auf sein Verhalten (vgl. Kapitel 8). Die Bandbreite der Reaktionen reicht von Wut, Ärger und Angst bis hin zu großem Mitleid für das Gegenüber. Wenn sich die Fachkraft diesen Gefühlen unreflektiert hingibt, wiederholt sie die damit in der Kindheit verbundene Wut, Trauer, Angst, Hilflosigkeit und Ohnmacht und wird im Umgang mit dem Kind, den Eltern oder Kolleginnen und Kollegen handlungsunfähig.

Beispiel

Einfluss negativer Glaubenssätze auf das pädagogische Handeln

In Kapitel 6.2 wurde Emma vorgestellt, die versuchte, die fünfjährige Aliah beim Bäcker aus der Reserve zu locken. Emma war selbst als Kind schüchtern und wurde gedrängt, mutiger und anders zu sein. Die Situation beim Bäcker erinnerte sie womöglich an den eigenen Schmerz, nicht bedürftig sein zu dürfen und selbstständiger sein zu müssen. Ihr Bedürfnis nach Anerkennung, so sein zu dürfen, wie sie ist, wurde in ihrer Kindheit nicht erfüllt und dadurch fühlte sie sich traurig und hilflos. Emma verhält sich Aliah gegenüber genauso, wie sie es selbst erlebt hat, und gleichzeitig ist ihr verletztes inneres Kind wütend und traurig. Emma ist in dieser Situation viel mehr mit sich und ihrem eigenen Schattenkind beschäftigt als bei Aliah und deren Bedürfnissen zu sein. Emma könnte Glaubenssätze in sich tragen wie: „Kinder müssen stark sein!" „Kinder müssen lernen, sich zu behaupten!"

In dem Beispiel wird deutlich, wie wichtig es ist, sich immer wieder zu fragen: Was hat das, was ich gerade fühle und denke, mit mir selbst zu tun? Woher kenne ich dieses Gefühl – und welche Glaubensüberzeugungen wirken? Um sich dann bewusst von dem eigenen inneren Kind zu lösen und den Bedürfnissen des Kindes in der tatsächlichen Situation zuwenden zu können, ist die Affirmation „Das Kind vor mir ist nicht das Kind in mir!“ sehr hilfreich.

Negative Glaubenssätze

- In welchen Situationen ist es mir als Kind nicht so gut gegangen?
- Welche Grundbedürfnisse waren dann nicht erfüllt (vgl. Bedürfnisliste im Anhang)?
- Wie sind heute meine Bedürfnisse erfüllt?
- Welche negativen Glaubenssätze beschäftigen mich immer wieder?

8.2.2 Die positiven Glaubenssätze erkennen

Im Unterschied zum manchmal ungeliebten und verletzten inneren Kind beinhaltet das **geliebte innere Kind** die lebendige und fröhliche Seite in uns. Das sind die Anteile, bei denen durch die eigenen (Kindheits-)Erfahrungen in der Resonanz mit wichtigen Bezugspersonen gelernt wurde: „Ich bin wichtig, ich werde gesehen, ich kann etwas bewirken, ich bin gut so wie ich bin, ich habe Stärken, ich habe einen Platz in der Welt.“

Durch das (Wieder-)Entdecken dieser positiven Seite kommt **das Ursprüngliche** hervor, mit dem jeder Mensch auf die Welt kommt – die Natürlichkeit und Besonderheit seines Wesens und seiner Persönlichkeit, das Lächeln, das Staunen, die individuellen Talente, die Kreativität, die Neugier, die Freude, die Spontanität, die Intuition und der Glaube daran, dass alles gut ist. (vgl. Chopich & Paul 2013, S. 12) *Vgl. Übungen 22, 22a und 22b im Workbook.*

Positive Glaubenssätze

- In welchen Situationen ging es mir als Kind gut?
- Welche Grundbedürfnisse waren dann erfüllt?
- Welche positiven Glaubenssätze begleiten mich durch mein Leben?
- Welches sind meine besonderen, guten Eigenschaften?
- Welche Schatzstrategien begleiten mich durch mein Leben?

Als Fachkraft ist es wichtig und wertvoll, mit dieser positiven Seite des inneren Kindes **in guter Verbindung** zu stehen, um mit Freude den Kindern und Eltern zu begegnen, mit Spontaneität auf die Spielideen der Kinder eingehen zu können, mit Offenheit für das Anderssein andere Menschen kennenzulernen, mit Neugier auf Neues und Unbekanntes zuzugehen, mit Begeisterung die kindlichen Sicht auf die Welt zu teilen und sich mit viel Spaß auf das gemeinsame Spiel einzulassen. Kurz: das freudige Kind in sich (wieder) zu entdecken.

KATEGORIE	POSITIVE GLAUBENSSÄTZE
GLAUBENSSÄTZE **BEI POSITIVER BEZIEHUNGS-ERFAHRUNG**	Für mich wird gesorgt! Ich bin wichtig! Ich bin willkommen! Ich bin nicht allein! Ich darf mir Hilfe holen! Ich darf eigene Gefühle haben! Ich werde gefördert und unterstützt! Ich darf mich bedürftig zeigen! Das wird schon gut werden!

KATEGORIE	POSITIVE GLAUBENSSÄTZE
GLAUBENSSÄTZE BEI EINER **GELUNGENEN AUTONOMIE-ENTWICKLUNG**	Ich darf eine eigene Meinung haben! Ich darf mich wehren! Ich darf mich abgrenzen! Ich darf für mich und meine Bedürfnisse einstehen! Ich darf wütend sein! Ich darf mich ausprobieren!
GLAUBENSSÄTZE BEI EINEM **GUT ENTWICKELTEN SELBSTWERT**	Ich bin gut so, wie ich bin! Ich bin es wert! Ich schaffe das! Ich bin klug! Ich darf Fehler machen! Ich habe das Glück verdient!
GLAUBENSSÄTZE ÜBER DIE **WELT IM ALLGEMEINEN**	Das Leben ist leicht! Frauen und Männer sind gleichwürdig! Ich kann auf andere Menschen vertrauen! Anders ist gut! Kommunikation ist alles!
GLAUBENSSÄTZE ÜBER **KINDER IM ALLGEMEINEN**	Das Kind ist kompetent und kann sich mitteilen! Ein Kind weiß, was es braucht! Das Kind handelt immer nach seinen besten Möglichkeiten! Es gibt immer gute Gründe für sein Verhalten! Es macht das nie, um mich zu ärgern! Bevor ein Kind Probleme macht, hat es welche. Es gibt keine schwierigen Kinder, nur schwierige Situationen.

Aus diesen positiven Glaubenssätzen heraus kann eine pädagogische Fachkraft ihre persönlichen **Schatzstrategien** entwickeln, die sie dabei unterstützen (vgl. Stahl 2017, S. 92ff.),

- die Verantwortung für sich selbst und ihr pädagogisches Handeln zu übernehmen
- das zu bejahen, was ist
- das Leben zu genießen und Spaß mit den Kindern zu haben
- die eigenen inneren Widerstände gegen Veränderungen und Anforderungen zu überwinden
- sich selbst, den Kindern, den Eltern, den Kollegen und Kolleginnen Gutes zu tun
- die eigenen Grenzen zu kennen und zu vertreten
- die eigenen Bedürfnisse zu kennen
- sich selbst und andere enttäuschen zu dürfen
- Nein zu sagen
- den eigenen Standpunkt zu vertreten
- loszulassen, wenn es erforderlich wird
- sich anzupassen, wenn es notwendig ist
- sich, den Kindern und anderen Erwachsenen zu vertrauen
- sich in die Kinder und Eltern einzufühlen
- sich selbst, den Kindern und anderen Erwachsenen wohlwollend zu begegnen

Im Gegensatz zu den Schutzstrategien wie Kampf, Flucht, Erstarren und Reinszenierung (vgl. Kapitel 7) wirken die **Schatzstrategien** stärkend. Sie sind aufbauend und verhelfen dazu, dass die Fachkraft ihr Leben und den Umgang mit den Kindern, Eltern, Kollegen und Kolleginnen konstruktiv und der aktuellen Situation angepasst gestalten kann.

8.2.3 Glaubenssätze verändern

Der reflektierte Umgang mit Glaubenssätzen kann die pädagogische Arbeit sehr erleichtern. Bei genauer Beobachtung ist es im Alltag möglich zu bemerken, wo es hakt, wo es stockt, wann man schnell gekränkt ist, wann man unsicher oder wütend wird. An diesen Stellen kann die Reflexion eigener Glaubensmuster beginnen. Über einen denkenden, rationalen Zugang kann sich jede Fachkraft nun fragen: Welcher Glaubenssatz leitet mich gerade?

Beispiel

Glaubenssätze verändern

Zwei Kinder streiten sich heftig. Fachkraft Amelie wird unruhig. Sie möchte den Streit sofort unterbinden und bemerkt, dass in ihr eine geballte, unverhältnismäßig große Energie aufsteigt. Weil sie sich schon häufiger mit sich und ihren Glaubenssätzen auseinandergesetzt hat, erinnert sie sich an die hinderliche Annahme „Konflikte dürfen nicht sein!". In ihrer Kindheit hatte sie erlebt, dass Konflikte unter den Teppich gekehrt und nicht offen ausgetragen werden. Bevor Amelie nun unreflektiert reagiert, betrachtet sie den über ihrem Schreibtisch platzierten stärkenden Glaubenssatz: „Konflikte sind o.k. und dürfen sein!" Als sie diesen Satz liest, wird sie sogleich ruhiger und kann nun selbstreguliert und unterstützend in die Konfliktbegleitung gehen.

Die eigenen bewertenden Glaubenssätze sind es auch, die Stress verursachen und in eine **Abwärtsspirale** münden. Wenn im inneren Dialog ein negativer Glaubenssatz den anderen ablöst, wird die Realität in negativer Weise vom Gehirn bewertet. Das löst wiederum negative Emotionen und Stress aus. Es ist also wichtig, rechtzeitig stärkende Gedanken in Form von positiven Glaubenssätzen zu nutzen, um aus einem Negativstrudel auszusteigen und so handlungsfähig zu bleiben.

Um **von den alten, wenig förderlichen Glaubenssätzen Abschied nehmen** und sich Kindern und Eltern offen zuwenden zu können, gilt es zunächst, sich um das ungeliebte und verletzte innere Kind zu kümmern. Dieses innere Kind möchte im übertragenen Sinne liebevoll in den Arm genommen und gestärkt werden. Dazu gehört es auch, ab und zu einen **Perspektivwechsel** vorzunehmen und einen Glaubenssatz einmal genauer unter die Lupe zu nehmen. In welchen Situationen ist dieser Glaubenssatz eher hinderlich und wann zeigt er vielleicht seine förderlichen Anteile? Ein und derselbe Glaubenssatz kann manchmal **stärkend oder auch hemmend** wirken, für eine qualitativ hochwertige pädagogische Arbeit förderlich, aber auch hinderlich sein. Ist der Satz „Ich bin wichtig!" in dem einen Moment hilfreich, kann er im nächsten Moment dazu führen, dass ich als Fachkraft meine Bedürfnisse in den Vordergrund stelle und dabei die Bedürfnisse der Kinder übersehe. Negativ wirkende Annahmen können anschließend in einen positiven, stärkenden Glaubenssatz verwandelt werden (*vgl. Übung Nr. 23 im Workbook*).

8.3 Das Selbstwertgefühl stärken

Die inneren Stimmen und Glaubenssätze der Fachkraft – eher positiv oder negativ ausgeprägt – nehmen einen nicht zu unterschätzenden **Einfluss auf ihr Selbstbild,** ihren Selbstwert und ihr persönliches Selbstwirksamkeitsgefühl.

Unter **Selbstwirksamkeit** (=Selbstvertrauen) versteht man, ob jemand sich selber in einer bestimmten Situation als kompetent wahrnimmt. Der Grad der Selbstwirksamkeit kann in unterschiedlichen Bereichen auch unterschiedlich erlebt werden. Selbstwirksamkeit entwickelt sich immer dann, wenn der Mensch das Gefühl hat, dass er eine Aufgabe bzw. Situation gut bewältigen kann. Dazu gehört auch das Erleben, etwas dazulernen zu können, Fortschritte zu machen, etwas bewirken zu können, die Kontrolle behalten zu können und Einfluss auf andere zu haben.

Mit **Selbstwert** wird der Wert bezeichnet, den ein Mensch sich selbst gibt. Dazu gehört es auch, sich mit seinen Stärken und Schwächen so anzunehmen, wie man ist. Das hat weniger mit den tatsächlich erzielten Erfolgen zu tun als vielmehr damit, wie der Mensch sich angenommen und wertgeschätzt fühlt. Ein weiterer wesentlicher Aspekt für das Selbstwertgefühl ist der Grad, inwieweit der Mensch nach seinem eigenen Wertesystem handeln darf.

Selbstbilder, Überzeugungen und Glaubenssätze können das Selbstwertgefühl speisen. Sie werden zum Nährboden für Ressourcen, aber auch für Probleme im Umgang mit Kindern, Eltern, Kolleginnen und Kollegen.

Gestärktes Selbstwertgefühl

- Welches sind meine stärkenden Glaubenssätze?
- Welche Stärken verbergen sich in meinen negativen Glaubenssätzen?
- Welche positiven Eigenschaften machen mich als Person aus?
- Wie kann ich mich mit meinem verletzten und ungeliebten inneren Kind versöhnen?
- Wie kann ich die schwächenden Glaubenssätze verabschieden?
- Wie kann ich die stärkenden Anteile besser in mein Fühlen, Denken und Handeln integrieren?

Beispiel

Auswirkung eines geringen Selbstwerts

Fachkraft Tina hat grundsätzlich ein gutes Verhältnis zu den Kindern in ihrer Gruppe. Jedoch reagiert sie jedes Mal gekränkt, wenn die Kinder ärgerlich werden. Tina empfindet dieses Verhalten als eindeutige Ablehnung. Weigern sich die Kinder dann noch aufgrund der Auseinandersetzung, zum Beispiel mit aufzuräumen, werden ihre Selbstzweifel noch verstärkt. Innere Glaubenssätze wie „Ich bin schlecht!", „Keiner respektiert mich!" oder „Ich bin es nicht wert!" tauchen blitzschnell in ihrem inneren Bewertungssystem auf. Tina gelingt es dann nicht mehr, klar für sich selbst einzustehen sowie die Gefühle und Bedürfnisse der Kinder zugewandt zu begleiten.

Trägt ein Mensch ein negatives Selbstbild, gefüttert von negativen Glaubenssätzen, in sich, kann er leichter zu kränken sein, empfindlich bei Druck von außen reagieren, ist dadurch schnell gestresst und kann starke Stimmungsschwankungen haben. Je negativer seine Vorstellungen von sich selbst und der Situation sind, je mehr negative Glaubenssätze im Kopf ablaufen, desto schwerer wird es, den aufkommenden Stress wieder abzubauen, und man gerät in einen Stressstrudel (vgl. Abbildung).

Der Stressstrudel

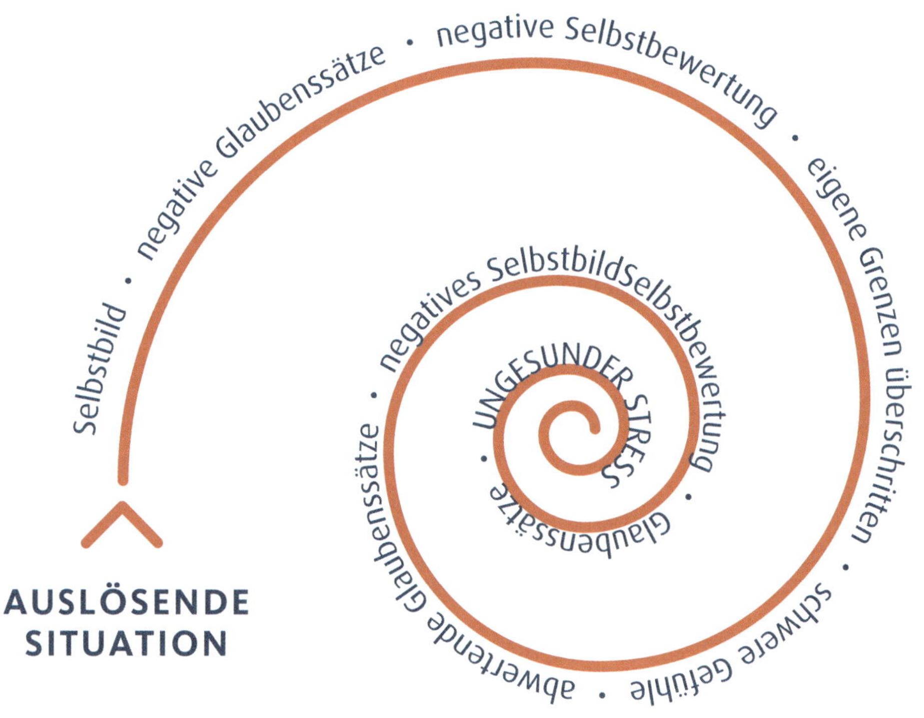

Ein und derselbe Glaubenssatz kann manchmal jedoch – je nach Situation – **stärkend oder auch hemmend** wirken, für eine qualitativ hochwertige pädagogische Arbeit förderlich, aber auch hinderlich sein. Ist der Satz: „Ich bin wichtig!" in dem einen Moment hilfreich, kann er im nächsten Moment dazu führen, dass ich als Fachkraft meine Bedürfnisse in den Vordergrund stelle und dabei die Wichtigkeit der Bedürfnisse der Kinder übersehe.

Beispiel

Zwei Seiten eines Glaubenssatzes

Alex ärgert sich jedes Mal, wenn ein Kind schnell aufgibt, wenn ihm etwas nicht auf Anhieb gelingt. Ähnliche Gefühle steigen in ihm hoch, wenn ein Kollege von vornherein sagt: „Das kann ich sowieso nicht!" In einer Einzelsupervision formuliert er spontan dazu: „Von nichts kommt nichts!" Ein Satz, der ihm von seinem Vater mit auf dem Weg gegeben wurde. Ein Glaubenssatz, der ihn sein Leben lang begleitet, wodurch er mit viel Fleiß und Anstrengung Schule und Ausbildung gemeistert hat und mittlerweile als Leitungskraft einer viergruppigen Kindertageseinrichtung tätig ist.

In dem Beispiel wird deutlich, dass Alex den Glaubensgrundsatz „Von nichts kommt nichts" für sich und sein Leben insofern **in eine positive Energie und Kraft umgewandelt** hat, als dass er recht zielstrebig und erfolgreich seinen schulischen und beruflichen Weg gemeistert hat. Alex hat etwas in seinem Leben erreicht, worauf er sehr stolz ist. Im Kontakt mit den Kindern blitzt jedoch ab und zu die Schattenseite seines Glaubenssatzes durch: Er kommt dann mit dem Ärger und der Wut in Kontakt, die er selbst als Kind verspürt hat, als er das Gefühl hatte, sich immer anstrengen zu müssen, um den Ansprüchen seiner Eltern zu genügen, um anerkannt und geliebt zu werden.

Die Kunst im **Umgang mit negativen Glaubenssätzen** besteht darin, das negative Gefühl ernst zu nehmen und sich einzugestehen, dass die Erlebnisse als Kind nicht immer nur schön waren. Der eigene Wert und die eigenen Fähigkeiten können anerkannt und die hinderlichen Glaubenskomponenten überdacht und verändert werden. Dadurch wird ein differenzierterer, entspannterer Umgang mit den Kindern möglich, die etwas nicht auf Anhieb schaffen und schnell aufgeben wollen.

Tipp: Hilfe und Unterstützung holen

Da es nicht immer ganz einfach ist, selbst die vorhanden Glaubenssätze zu erkennen und konstruktiv zu bearbeiten, kann es hilfreich sein, sich an Coaches, Supervisoren, Supervisorinnen, Therapeuten oder Therapeutinnen zu wenden. Diesen Fachleuten stehen viele Wege und Methoden zur Verfügung, sich dem inneren Kind und seinen Glaubenssätzen behutsam zu nähern.

Grundsätzlich sollte sich jede Fachkraft sich mit ihren Stärken, ihren Werten und mit ihren Glaubenssätzen beschäftigen, um dem einzelnen Kind in der Kita reflektiert begegnen zu können.

Anregungen und Impulse hierzu sind im Workbook unter der Übung 24 zu finden.

Gefühle spüren und annehmen 9

Man kann vieles unbewusst wissen,
indem man es nur fühlt, aber nicht weiß.

FJODOR M. DOSTOJEWSKI

Emotional mit sich im Einklang zu sein fördert die eigene **psychische Gesundheit.** Gefühle wahrzunehmen, sie zu verstehen und ihre Bedeutung bewusst verarbeiten zu können ist eine der wichtigsten sozial-emotionalen Kompetenzen eines Menschen. Diese Fähigkeit gilt als Schutzfaktor (Resilienz), um auch mit Rückschlägen, Widrigkeiten und Krisen gut umgehen zu können.

Sowohl für die Kinder als auch die Fachkräfte spielen Gefühle im Kindergartenalltag eine große Rolle. Die Fachkräfte begleiten die Kinder bei ihren Gefühlen und erleben den Tag mit ihren eigenen Gefühlen – bewusst oder unbewusst. Um eine feinfühlige Begleitung der kindlichen Gefühle zu ermöglichen, eine authentische Beziehung mit den Kindern einzugehen und eine ausreichende Selbstfürsorge zu leben, ist es als pädagogische Fachkraft unabdingbar, **mit den eigenen Gefühlen verbunden** zu sein, mit den „alten" sowie den akuten Gefühlen im Hier und Jetzt. Gefühle weisen auf Bedürftigkeiten aus der Vergangenheit hin und gleichzeitig machen sie auf aktuelle Bedürfnisse in der momentanen Situation aufmerksam.

Gefühle spüren

- Welche Gefühle habe ich in welchen Situationen?
- Durch was werden sie ausgelöst?
- Sind sie situationsangemessen?
- Auf was wollen sie mich aufmerksam machen?
- Kann ich mir meine eigenen Gefühle zugestehen?
- Welche Körperreaktionen lösen sie in mir aus?

9.1 Unverarbeitete Gefühle bemerken

Wir leben in einer Gesellschaft, in der Gefühle oft nicht erwünscht sind. Es ist üblich, die Tränen, die Wut herunterzuschlucken. Erinnerungen sagen uns: „Zeige lieber nicht, dass du Angst hast, bleibe stark!" So kommt es, dass viele unverarbeitete Gefühle in uns lodern, jedoch nicht nach außen dringen dürfen. Dieser innere Kampf mit den eigenen Empfindungen und ihrer Verdrängung verläuft meist unbewusst (vgl. Kapitel 7.1). Unsere Erfahrungen und die damit verbundenen Glaubensmuster (vgl. Kapitel 8) reden uns ein, dass Gefühle mit negativen Konsequenzen verknüpft sind. Kommen im Alltag Gefühle auf, wollen wir sie schnell wieder loswerden. Unser Organismus weiß, dass sie zu viel Energie und damit „Zerstörungskraft" auslösen könnten. Deswegen verbergen wir sie schnell wieder tief in unserem Unterbewusstsein.

Der Kreis schließt sich genau in dem Moment, in dem die Fachkraft ihre Glaubenssätze über die Sprache an die Kinder weitergibt (vgl. Wedewardt 2022). Es werden **Botschaften** gesendet wie: „Wut ist nicht o.k.!" „Du darfst keine Angst haben!" „Schluck deine Tränen runter!" Diese Aussagen bewirken, dass auch die Kinder lernen, dass Gefühle nicht sein dürfen und mit negativen Konsequenzen behaftet sind. Erwachsene nutzen manchmal Gefühle abwertende Sätze, um sie für sich „wegzumachen" und nicht selbst spüren zu müssen.

Sätze, durch die Gefühle abgelehnt werden

FREUDE/INTERESSE	ANGST
Nicht so neugierig! Nicht so laut! Ihr seid echt anstrengend	Jetzt tu nicht so! Du übertreibst doch! Hab dich nicht so! So schlimm ist das doch nicht!
WUT/ÄRGER	**TRAURIGKEIT**
Du hast keinen Grund, so schlecht gelaunt zu sein! Jetzt reiß dich mal zusammen! Hör auf zu streiten, weinen, motzen … Nicht streiten! Wir streiten nicht! Nicht zicken! So wie du gerade drauf bist, kannst du aber nicht mitspielen! Was soll denn das Theater? Bist du heute wieder bockig?! Es kann nicht immer nach deinem Willen gehen! Jetzt sei doch nicht beleidigt!	Alles gut. Alles in Ordnung! Nichts passiert! Hat ja gar nicht wehgetan! Du hast genug geweint, Schluss jetzt! Ich höre dir erst zu, wenn du aufhörst zu weinen! Dann heul halt! Du brauchst nicht traurig sein! Hör mal auf zu jammern! Sei doch fröhlich! Ich will kein trauriges Kind haben!

Meist sind solche Sätze nicht böse gemeint und es steckt zuweilen sogar die gute Absicht dahinter, Kinder auf diese Weise bei ihrer Emotionsregulation zu unterstützen. Es fühlt sich so an, als ob ein heruntergespieltes Gefühl auch weniger mächtig würde. Dem ist jedoch nicht so: Das Gefühl wird umso mächtiger, je mehr es verdrängt wird. Das verdrängte Gefühl wird als ungelöste Energie im Körper gespeichert. Es kann nicht aufgelöst werden und so bleibt eine große **Anspannung im Körper** zurück. Alles, was ungelöst ist, enthält in der Spannung in etwa die gleiche Intensität wie das tatsächlich erlebte Geschehen. Wurden zum Beispiel Grenzen weit überschritten und es besteht eine große Wut, verbleibt dieses Energielevel der Wut im Körper. Wenn starke Gefühle nicht verarbeitet werden, werden sie bis in die Gegenwart als Energie im Körper gehalten. Verknüpft mit dieser starken Energie ist ein Stressmaß zu spüren, das sich zum Beispiel an Unruhezuständen oder auch depressiven Verstimmungen erkennen lässt. Gehaltene starke Gefühle können nicht gut gemanagt werden. Viel eher platzen sie plötzlich unkontrolliert heraus, ohne dass eine Ursache dafür in der aktuellen Situation erkennbar ist.

Beispiel

Gefühlsexplosion

Fachkraft Sonja gestaltet wie immer den Tag mit den Kindern in der Kita. Es scheint alles seinen normalen Gang zu gehen. Doch plötzlich, als ein Junge ihren Anweisungen nicht folgt, schreit sie ihn laut an; so vehement, dass sich auch die anderen Kinder und sogar Sonja selbst erschrecken. Sonja konnte nicht absehen, dass sie diese starke Gefühlsenergie in sich trägt, die sich nun unkontrolliert Bahn bricht. Erst als sie später genauer drüber nachdenkt, bemerkt sie, dass sie noch immer den Ärger aus dem gestrigen Telefonat mit ihrem Vater in sich trägt. Ihre schwierige Beziehung zu ihrem Vater „steckt ihr in den Knochen", im wahrsten Sinne des Wortes. Auch alte, noch unverarbeitete Gefühle in Bezug auf ihren Vater tragen durch den Auslöser am vorhergehenden Tag, dem Telefonat, dazu bei, dass Sonja plötzlich laut wird.

Unverarbeitete Gefühle von Erwachsenen wirken sich immer auf die Interaktion mit den Kindern aus, auch wenn die Gefühle verdrängt werden. Das betroffene Kind speichert die negativen emotionalen Schwingungen in seinem Nervensystem ab (vgl. Bauer 2016). Die sogenannten Spiegelneuronen sorgen dafür, dass Kinder die Stimmung der Erwachsenen, auch wenn diesen ihre Gefühle nicht zugänglich sind, aufnehmen. Folglich versuchen sich die Kinder anzupassen, um für ihre eigene Sicherheit zu sorgen, oder werden auffällig, um nicht vergessen zu werden. Auch wenn es sich um keinen offensichtlichen Ärger oder keine offensichtliche Traurigkeit handelt, merken Kinder intuitiv, dass eine unverarbeitete Emotion im Raum steht und nehmen sie in sich auf.

Ein **Bewusstsein über die eigenen Gefühlszustände,** die alten und die aktuellen Gefühle, kann die Situation in der Kita entspannen. Als Fachkraft ist es möglich, die eigenen Gefühle wahrzunehmen, zu managen und gegebenenfalls nach außen zu kommunizieren: „Heute bin ich etwas traurig. Ich habe gestern mit meinem Papa telefoniert, und wir haben uns gestritten. Deshalb bin ich heute nicht ganz so fröhlich! Das hat nichts mit euch zu tun!" könnte Sonja aus unserem Beispiel zu den Kindern sagen. Zu viel Nähe, zu viel Gefühlsduselei, nicht professionell genug? Das Wissen um die automatische Gefühlsresonanz der Kinder und eine damit verknüpfte Unsicherheit lässt es hilfreich erscheinen, die eigenen Themen und Gefühle zu reflektieren und für die Kinder, Eltern, Kolleginnen und Kollegen transparent zu machen. So lernen Kinder, wie wichtig es ist, die eigenen **Gefühle willkommen zu heißen** und zu kommunizieren. Diese Transparenz führt zur allgemeinen Entspannung, weil nun jeder einordnen kann, woher die gefühlte Stimmung kommt.

Gefühle zeigen

- Durfte ich in meiner Kindheit, zuhause oder in der Betreuung, Gefühle zeigen?
- Welche Gefühle waren willkommen und welche nicht?
- Welche Reaktionen folgten auf die unterschiedlichen Gefühle?
- Was bedeutet der damalige Umgang der Bezugspersonen mit meinen Gefühlen für meinen heutigen Umgang mit meinen Gefühlen?
- Welche Gefühle erlaube ich mir zu zeigen und welche nicht?
- Vor welchen Gefühlen habe ich heute Angst und vor welchen nicht?

9.2 Gefühle als wichtige Signalgeber verstehen

Gefühle sind wie ein Kompass. Sie zeigen an, was guttut und was nicht. Gefühle senden ein Signal und teilen mit, dass Bedürfnisse erfüllt oder unerfüllt sind. Daher sorgen sie indirekt für physische und psychische Gesundheit. Gefühle helfen dabei, zu schützen und zu wachsen, sich zu verbinden und zu überleben. Gefühle machen es möglich, in eine wahrhaftige Beziehung treten zu können.

Um Kindern eine positive Beziehung zu ihren Gefühlen zu ermöglichen, ist es wichtig, ihnen von Beginn an eine Sprache dafür zu geben, ihnen ihre Gefühle zu spiegeln, zu erklären, wie sich Gefühle anfühlen und welche Hinweise sie geben. Gefühle sind nicht per se positiv oder negativ. Jedes Gefühl hat einen Nutzen, es gibt **beschützende und antreibende Gefühle.** Gefühle dürfen als etwas erlebt werden, das vergänglich ist und nicht zum Sein gehört. Ich bin nicht die Traurigkeit, sondern ich fühle die Traurigkeit. Das ist ein Unterschied.

Um einen Zugang zu den eigenen Gefühle zu erhalten, sie nicht als Bedrohung zu begreifen, sondern als wichtige Signalgeber für unerfüllte Bedürfnisse, sollten Fachkräfte die Kinder mit all ihren Gefühlen annehmen und auch zu sich selbst sagen: **„Alle Gefühle dürfen sein,** sie sind weder richtig noch falsch, weder positiv noch negativ, sie sind einfach da!“

Genauso wie Fachkräfte Kinder in ihrer **Gefühlsregulation** begleiten, können sie auch mit sich selbst in Verbindung gehen. Sie haben die Möglichkeit, die eigenen Gefühle zu ko-regulieren – so, als würde sich ein anderer Mensch (z.B. die Mutter, eine gute Freundin) um sie kümmern. Bei der regelmäßigen Selbstbeobachtung kann die Fachkraft ihre Gefühle wahrnehmen, Körpersignale spüren, die Gefühle benennen, sich der eigenen Person zuwenden, für die eigenen Bedürfnisse sorgen. Das hört sich leichter an als es ist, denn meist platzen plötzlich Gefühle heraus, die sich scheinbar nicht angekündigt haben. Im Reflexionsprozess ist es dienlich, sich zunächst auf einen Schritt zu konzentrieren und nach und nach weitere anzuschließen. Ein erster Schritt kann es sein, bei sich selbst zu beobachten, welche Gefühle sich in welchen Momenten entwickeln.

Emotionsregulation

1. Gefühle wahrnehmen
2. Körperreaktionen beobachten
3. Gefühle benennen
4. Gefühlen zuwenden
5. Verstehen, auf welche Bedürfnisse die Gefühle aufmerksam machen
6. Sich diese Bedürfnisse erfüllen (*vgl. Bedürfnistabelle im Workbook*)
7. Die Gefühle in konstruktive Bahnen lenken und verarbeiten

9.3 Was Gefühle mit mir machen

Die Reflexion eigener Gefühle ist ein wesentlicher Baustein, um einen **bewussten Umgang mit sich selbst** und den Kindern im pädagogischen Alltag leben zu können. Der erste Schritt der Bewusstwerdung ist die Kenntnis der menschlichen Grundgefühle. Mit diesem Wissen im Gepäck wird es nun möglich, die eigenen Gefühle im Alltag zu beobachten und wahrzunehmen (*vgl. Übungen Nr. 25 und 26 im Workbook*). Welche Gefühle entstehen in welchen Momenten bei mir und beim Gegenüber? Was machen diese Gefühle mit mir? Wo zeigen sie sich im Körper und worauf wollen sie mich hinweisen?

ANGST	ängstlich	erstarrt	unsicher	sorgenvoll	panisch	furchtsam
TRAURIGKEIT	frustriert	einsam	unglücklich	bedrückt	deprimiert	enttäuscht
FREUDE	fröhlich	glücklich	begeistert	optimistisch	jubelnd	vergnügt
INTERESSE/ NEUGIERDE	angeregt	gespannt	gefesselt	engagiert	motiviert	aufgeregt
ÄRGER/WUT	hasserfüllt	empört	zornig	genervt	entrüstet	sauer

Eine noch genauere Reflexion wird möglich, wenn die einzelnen **Grundgefühle** im Alltag beobachtet werden: Was löst bei mir die Freude der Kinder aus? Was macht es mit mir, wenn Kinder neugierig sind oder wenn sie traurig sind? Wie kann ich damit umgehen, wenn Kinder wütend werden? Wie reagiere ich, wenn Kinder ängstlich, zurückhaltend oder schüchtern sind? Welche Gefühle kann ich gut begleiten und welche weniger gut? Welche Gefühle kann ich willkommen heißen und welche machen mir Angst? Bei welchen Gefühlen von Kindern und Erwachsenen werde ich unsicher und welche machen mich wütend? All diese Fragen können ein bewusstes Hineinspüren und Erkunden von Gefühlen ermöglichen (*vgl. Übung Nr. 28 im Workbook*).

Was löst es zum Beispiel aus, wenn Kinder **Freude** empfinden, wenn sie entspannt durch den Raum hüpfen, singen und dabei Spaß haben? Ist es dann möglich, die Freude mitzuempfinden, sich davon anstecken zu lassen und genauso beschwingt zu sein? Erinnere ich mich automatisch daran, wie schön es war, ein freudiges Kind zu sein? Oder reagiert mein Organismus mit Stress, Genervtsein, Unsicherheit und möchte die fröhliche Stimmung unterbrechen, weil Erinnerungen ausgelöst werden, die sagen: „Sei nicht so albern. Zeig dich lieber nicht ausgelassen. Das könnte negative Konsequenzen haben!" Sicherlich ist auch die eigene momentane Belastbarkeit mit dafür ausschlaggebend, wie gut in einer Situation Lautstärke zugelassen werden kann. Haben Fachkräfte jedoch mit Ausgelassenheit und purer Freude etwas Negatives in ihrem Gehirn verknüpft, weil ihre Freude als Kind nicht sein durfte, steigt deren innerer Stresspegel schneller als bei Fachkräften, die Freude als etwas Positives abgespeichert haben.

Ebenso verhält es sich mit **Neugier** und Lernbegeisterung. Ist es möglich, die vielen Fragen der Kinder mit Interesse entgegenzunehmen, zu beantworten und sie zu feiern oder reagiert die Fachkraft mit Worten wie „Sei nicht so neugierig!" oder „Du Schlaumeier!", weil ihr Körper ihr sagt, dass neugierig sein nicht gut ist.

Bei den Gefühlen **Ärger** und **Wut** sind hierzulande bei den Menschen die meisten Negativverknüpfungen zu beobachten. Werden Kinder wütend, kann das Erwachsene sehr schnell an ihre Grenzen bringen. Die meisten Erwachsenen haben nicht gelernt, wie sie mit Wut umgehen können, weil sie bereits als Kinder damit alleine gelassen wurden. Viele von ihnen mussten früher erleben, dass ihr Zorn abgetan, bagatellisiert, tabuisiert, übergangen wurde, mit Angst oder Scham besetzt war oder gar bestraft wurde. Es ist also nicht verwunderlich, wenn sie das Gefühl des Ärgers oder der Wut im Heute lieber wegschieben wollen als sich ihm anzunehmen.

Dem Gefühl der **Traurigkeit** sollte besondere Aufmerksamkeit geschenkt werden. In der pädagogischen Praxis sind Fachkräfte fortwährend mit dem Thema Abschied und Traurigkeit konfrontiert. Somit spielen auch ihre eigenen Tränen aus der Vergangenheit eine entscheidende Rolle und sollten unbedingt reflektiert werden. Haben Menschen in irgendeiner Form in ihrem Leben einen Verlust erlebt, kommt das Gefühl der Trauer und der Verlustangst zum Tragen. Relevante Trigger-Momente sind dann zum Beispiel die morgendliche Abgabesituation oder die Trennungssituationen in der Eingewöhnung. Es ist davon auszugehen, dass die meisten Menschen unbewusst ein Verlusttrauma in sich tragen und nicht ausreichend darüber trauern konnten. War es doch früher üblich, keine Eingewöhnung zu gestalten, Kinder ohne weiteres an unbekannte Menschen zu übergeben und sie ohne Regulationshilfe von außen weinen zu lassen.

In einer erneuten Selbstbeobachtung können Fachkräfte genau darauf achten, wie sie bei Trennungssituationen reagieren. Ist es ihnen ein Anliegen, die Prozedur „kurz und schmerzlos" über die Bühne zu bringen, sodass Tränen gar nicht möglich sind, kann davon ausgegangen werden, dass sie die Tränen selbst nicht spüren wollen. Auch innere Glaubenssätze haben darauf Einfluss (vgl. Kapitel 8). Auf der anderen Seite kann die eigene Unsicherheit im Zusammenhang mit Traurigkeit dazu führen, dass zum Beispiel eine Eingewöhnung auch noch nach drei Monaten unnötig in die Länge gezogen wird, um auch hier wieder der Traurigkeit und Tränen aus dem Weg zu gehen.

Im Reflexionsprozess kann beobachtet werden, wie die eigene Reaktion auf die Tränen anderer ist:

- Kann ich es aushalten, wenn ein Kind weint? Kann ich es aushalten, wenn Erwachsene weinen?
- Gestehe ich mir selber zu, zu weinen?
- Wie fühle ich mich, wenn ich weine? Schwach oder stark?

- Was möchte ich tun, wenn andere weinen, was ist mein erster Impuls? Bedauere ich, leide ich mit? Werte ich ab?
- Was denke ich? „Schnell trösten!" „Oh nein, der/die Arme!" „Oh Gott, was hat er/sie denn?" „Was für ein Drama!" „So schlimm ist das doch auch nicht!"
- Was möchte ich tun? Sofort trösten, da sein, den anderen/die andere alleine lassen?

Die **Angst** gehört ebenso zu den Beschützergefühlen und macht darauf aufmerksam, wo Gefahr droht. Zum Glück hat der Organismus dieses Alarmsystem eingebaut, denn es sichert ihm das Überleben. Manche Angstgefühle von Erwachsenen stammen jedoch aus der Vergangenheit und warnen vor einer Gefahr, die nicht mehr aktuell ist. Bleibt eine solche Angst nun unreflektiert, kann das bedeuten, dass sie die Entwicklung der Kinder negativ beeinflusst. Möchte ein Kind voller Motivation die Welt erkunden, wird jedoch aus lauter Angst der Fachkraft immer wieder dabei ausgebremst, kann das Schaden anrichten. Ebenso verhält es sich, wenn die Fachkraft zu große Angst hat, die Kinder könnten nicht auf sie hören und sie nicht respektieren, sodass sie immer wieder strafend eingreift.

Deshalb sollten Fachkräfte auch ihre Ängste genau beobachten und darauf reagieren: Wovor habe ich genau Angst? Was löst diese Angst in mir aus? Ist die empfundene Angst verhältnismäßig? Wovor möchte sie mich schützen? Habe ich zum Beispiel erlebt, dass eine harte Strafe folgte, wenn ich als Kind nicht „hörte"? Kommt deshalb die Angst vor dem Nicht-Hören auf? Hatte ich selbst einen schlimmen Sturz und kann deshalb nun nicht zulassen, dass die Kinder den Berg runtersausen?

Es ist nicht notwendig, die eigene Angst zu übergehen, jedoch sollte sie reflektiert und eine Lösung im Sinne der Kinder gefunden werden: Kann ein Kollege oder eine Kollegin die Kinder beim Toben beaufsichtigen, weil sie deren mutige Übungen besser aushalten kann? Viele Fachkräfte haben auch Angst vor kritischen Anmerkungen von Eltern oder schwierigen Elterngesprächen. Es kann heilsam sein, sich hier zu fragen: Was macht mir genau Angst und woher kommt diese Angst? Oft reicht es aus, das Gefühl zu reflektieren, um besser mit ihm umgehen zu können. Alles, was von außen einen Schmerz im Innen auslöst, möchte schnell verdrängt werden. So ist es auch mit den Gefühlen. Das ist der Grund, warum viele Fachkräfte **Gefühle bei Kindern ablenken** wollen (*vgl. Übung Nr. 27 im Workbook*). Es ist jedoch möglich, sich dafür zu entscheiden, die Gefühle da sein zu lassen, sie zu halten, auch wenn sie im ersten Moment unangenehm zu sein scheinen. Jedes Gefühl darf sein – bei sich selbst, bei Kindern, bei Eltern, bei Kolleginnen und Kollegen. Gefühle wollen schützen. Manchmal wollen sie jedoch vor Gefahren schützen, die längst vergangen sind. Die Wut bedeutet nun nicht mehr, alleine im Zimmer sein zu müssen, die Traurigkeit muss nicht mehr heruntergeschluckt werden, die Angst wird nicht mehr belächelt. Jeder und jede kann die eigenen **Gefühle liebevoll begrüßen,** sie annehmen und sich ihnen zuwenden.

Umgang mit den eigenen Gefühlen als Fachkraft, Teil 1 und 2

Lea Wedewardt: Der Kita Podcast für bedürfnisorientierte Kinderbetreuung.

Teil 1 online unter: *https://beduerfnisorientierte-paedagogik.de/42-mit-eigenen-negativen-gefuehlen-als-fachkraft-umgehen-ein-gespraech-mit-teresa-miss-teil-1*

Teil 2 online unter: *https://beduerfnisorientierte-paedagogik.de/43-umgang-mit-den-eigenen-gefuehlen-der-trauer-und-wut-als-fachkraft-ein-gespraech-mit-teresa-miss-teil-2*

9.4 Gefühle und Bedürfnisse der Gegenwart und der Vergangenheit annehmen

Gefühle machen auf Bedürfnisse in der Gegenwart aufmerksam, aber auch auf Bedürftigkeiten aus der Vergangenheit. In jeder Situation, in der starke Gefühle aufkommen, ist eine Reflexion möglich, die nach innen fragt: Kommt das Gefühl aus dem Jetzt oder aus früheren Zeiten?

Reagiere ich heftig, voller Zorn, bin plötzlich sehr unsicher, zweifle selbst an mir und merke, wie sich das Gefühl des mangelnden Selbstwertes durch den ganzen Tag zieht, ist davon auszugehen, dass der größere Teil des Gefühls aus einer vorangegangenen bedrohlichen oder schmerzlichen Erfahrung stammt. Es kann jedoch auch sein, dass das Gefühl ausschließlich auf Bedürfnisse im Hier und Jetzt aufmerksam macht, weil Grenzen überschritten wurden oder sich eine momentane Erschöpfung bemerkbar macht.

Reaktionen, die auf „alte" Gefühle und Bedürftigkeiten hinweisen

- Große Unsicherheit
- Starke, explosionsartige Wut
- Ein lang anhaltendes, tiefes Gefühl zum Beispiel der Traurigkeit
- Sich ertappt fühlen, tiefgehende Scham
- Starke Selbstzweifel nach einer bestimmten Situation
- Unverhältnismäßige Reaktionen auf „Nichtigkeiten"
- Lang anhaltendes „Beleidigtsein"
- Strafendes oder übergriffiges Verhalten

Pädagogische Fachkräfte sollten sich also immer wieder fragen, wie viel Prozent der empfundenen Gefühle in die aktuelle Situation gehören und wie viel Prozent aus der Vergangenheit stammen *(vgl. Übung 11 im Workbook).*

Wieviel Prozent der erlebten Gefühle stammen aus dem Jetzt?

Gefühle, die ihre Ursache im Jetzt haben. Sie machen auf (un-) erfüllte Bedürfnisse oder überschrittene Grenzen aufmerksam

%

Gefühle, die ihre Ursache in der Vergangenheit haben. Sie wollen vor früher erlebten Verletzungen und Bedrohungen, die sich der Organismus gemerkt hat, schützen.

Dabei ist wichtig zu hinterfragen, ob immer wieder ähnliche Situationen eine solche Scham, tiefe Selbstzweifel oder ein strafendes Verhalten auslösen. Welcher Zusammenhang kann mit eigenen Erfahrungen hergestellt werden? Vielleicht können auch konkrete Situationen beschrieben werden, die die eigene Reaktion direkt erklären.

Die Bewältigung eigener Erfahrungen beginnt bereits mit der **Bewusstwerdung.** Wurden typische Situationen, damit verbundene Gefühle und Bedürftigkeiten ausfindig gemacht, können alternative Strategien geübt werden. Das braucht Zeit, Zuwendung und eine große Portion Nachsichtigkeit.

10 Inneren und äußeren Stress reflektieren und bewältigen

Gib mir die Gelassenheit, Dinge hinzunehmen, die ich nicht ändern kann, den Mut, Dinge zu ändern, die ich ändern kann, und die Weisheit, das eine vom anderen zu unterscheiden. REINHOLD NIEBUHR

Das **Arbeitsfeld der Kindertagesbetreuung** ist in den letzten Jahren weit komplexer geworden: Bildungsdokumentationen, Portfolioarbeit, Qualitätsmanagement, Bildungs- und Erziehungspartnerschaft, frühkindliche Bildung und vieles mehr sind in die Arbeit zu integrieren. Das eine Thema ist noch nicht ganz abgeschlossen, da kommt auch schon die nächste Anforderung auf die Fachkräfte zu. Nur selten gibt es eine Verschnaufpause.

Der Ausbau der Betreuungsplätze, erweiterte Öffnungszeiten, veränderte Gruppenformen und dann auch noch der Fachkräftemangel – alles in allem führen diese Rahmenbedingungen oftmals zu einem **erhöhten Stressempfinden** bei den einzelnen Fachkräften. Doch das ist nicht zwangsläufig bei allen gleich.

Stress bezeichnet die durch spezifische äußere Reize (Stressoren) hervorgerufenen körperlichen und seelischen Reaktionen eines Menschen und lässt sich in drei Kategorien unterteilen: Eustress (positiver Stress), Distress (negativer Stress) und neutraler Stress. Demzufolge ist Stress nicht zwangsläufig negativ; er kann einen Menschen auch dazu befähigen, sich Herausforderungen zu stellen und besondere Anforderungen zu bewältigen.

Eine Studie der BGW-DAK und des Stresslabors der DPFA Hochschule Zwickau über den **Zusammenhang von Biografie, Stress und Körperreaktionen** von pädagogischen Fachkräften mit dem Erziehungsverhalten ihrer jeweiligen Eltern (vgl. DPFA Hochschule Zwickau 2013) legt die Schlussfolgerung nahe, dass das Erziehungsverhalten der eigenen Eltern **Auswirkung auf das Stressempfinden** und die Stressverarbeitung der jeweiligen Fachkraft hat. Je emotional wärmer das Verhalten der Eltern war, umso besser kann die Fachkraft mit ihrem eigenen Stressempfinden umgehen.

In dem Buch „Risiko Kindheit" von Nicole Strüber wird diese Studie durch neurowissenschaftliche Erkenntnisse untermauert. Aufgrund der unterschiedlichen Verschaltungen unserer Nervenzellen im Gehirn werden nicht nur unterschiedliche Gefühle, Vorlieben, Fähigkeiten und Verhaltensweisen hervorgebracht, sondern auch **unterschiedliche Stressverarbeitungssysteme** (Strüber 2020, S. 31ff.). Die individuelle Zusammensetzung der Gene eines Menschen bilden hier eine erste Basis, inwieweit bestimmte Stoffe wie zum Beispiel. Noradrenalin und Cortisol im Gehirn hergestellt, gebunden, transportiert und abgebaut werden können (ebd., S. 35). Bereits in der Schwangerschaft wirken „die im Körper der werdenden Mutter freigesetzten Stresshormone (…) auf das sich entwickelnde Stresssystem des Kindes" (ebd., S. 36). Auch nach der Geburt wirkt sich das **Ausmaß des erlebten Stresses** weiterhin auf das Stressverarbeitungssystem des Kindes aus. Kommt es gerade in den ersten sechs Lebensjahren zum Beispiel durch

Vernachlässigung, Misshandlung, Krieg, Fluchterfahrungen, Armut oder Naturkatastrophen zu hohem Stress, kann das zu einer hohen Konzentration von Stresshormonen im Gehirn führen und das Stressverarbeitungssystem nachhaltig **bis ins Erwachsenenalter beeinflussen.** In einer akuten Stresssituation reagiert der Mensch dann mit den ihm individuell zur Verfügung stehenden Schutzstrategien (vgl. Kapitel 7).

Die **subjektive Art und Weise,** wie eine Fachkraft eine bestimmte Situation oder Anforderung bewertet und interpretiert, und welche Bewältigungsressourcen ihr zur Verfügung stehen, sind demzufolge schon in der frühesten Kindheit angelegt. Im pädagogischen Alltag nehmen die Stressreaktionen einen nicht zu unterschätzenden Einfluss darauf, ob für die einzelne Fachkraft ein Reiz überhaupt zum Stressor wird und wie sie demzufolge damit umgeht. Das bedeutet zunächst einmal, dass der vermeintlich **„richtige“ Umgang mit Stress individuell** ist, jede Fachkraft das Recht auf ihr eigenes Stressempfinden hat und sich dafür nicht rechtfertigen muss. Gleichzeitig ist ein reflektierter Umgang damit notwendig.

Beispiel

Individuelles Stressempfinden

Es ist Montag. Die Kinder sind nach einem verregneten Wochenende aufgekratzt und wuselig. Fachkraft Anna ist mit ihnen an diesem Morgen zunächst alleine in der Gruppe. Je mehr Kinder kommen, umso höher wird der Lärmpegel. Annas Stressempfinden nimmt stetig zu. Die Lautstärke der Kinder überschreitet ihre Grenzen. Aus einer Hilflosigkeit heraus ermahnt sie die Kinder immer wieder mit erhobener Stimme zur Ruhe. Sie versteht nicht, warum die Kinder nicht auf sie hören.

Ihre Kollegin Evi kommt dazu, als bereits alle Kinder da sind. Trotz des hohen Lärmpegels bleibt sie die Ruhe selbst. Sie sieht, dass einige Kinder einen erhöhten Bewegungsdrang haben und schlägt vor, mit ihnen eine Runde nach draußen zu gehen. Dadurch entspannt sie die Situation und es wird ruhiger in der Gruppe. Anna kann wieder durchatmen, fragt sich aber, warum es ihr nicht gelungen ist, die Kinder zu beruhigen.

Anna reagiert in diesem Beispiel zunehmend gestresst auf die Situation und wählt als **Kompensationsstrategie** den Angriff, in diesem Fall verärgerte Ermahnungen. Evi hingegen stellt sich dem Stress, geht das erkannte Problem aktiv an und kommt zu einer konstruktiven Lösung, die die Situation beruhigt. Stresssituationen sind komplexe und dynamische Interaktions- und Transaktionsprozesse zwischen den Anforderungen der Situation und dem handelnden Individuum (vgl. Greif u.a. 1991, S. 9).

Die **individuellen Stressreaktionen** werden durch die subjektive Bewertung einer Situation und die damit einhergehenden Gefühlen ausgelöst. Bei Anna kommt unterschwellig Zweifel auf, ob sie eine gute Pädagogin ist, wenn es ihr nicht gelingt, für Ruhe in der Gruppe zu sorgen. In diesem Beispiel potenzieren sich ihre eigenen Erwartungen und Glaubenssätze, was dazu führt, dass sie sich selbst negativ bewertet. Dadurch gerät sie in einen negativen Stressstrudel (vgl. Kapitel 8). Mit dieser negativen Selbstbewertung setzt sich Anna selbst unter Druck, was in der Situation ihren Stresspegel erhöht und sie handlungsunfähig macht (*vgl. Übung 29 und 31 im Workbook*).

10.1 Die Entwicklung der Stresstoleranz

Je nachdem, wie viel **(Überlebens-)Stress** der Organismus bisher ausgesetzt war, entwickelt sich bei jedem Menschen ein entsprechendes Stress-Toleranz-Fenster (vgl. Siegel 2012). Innerhalb des Fensters kann Stress gut verarbeitet werden. Trifft also ein Reiz auf die Fachkraft, den sie als überschaubar und kontrollierbar einstuft, befindet sie sich in einem normalen **Level der Erregbarkeit** und bleibt handlungsfähig. Wird die Situation als nicht kontrollierbar eingestuft, kann es im Gegensatz dazu zur Übererregung oder Untererregung kommen. Beides ist dann körperlich spürbar, indem zum Beispiel innerliche und äußerliche Unruhe aufkommt oder sich ein Ohnmachtsgefühl ausbreitet. Nicht selten dreht sich dann auch ein negativer Gedankenstrudel im Kopf. Als Reaktion greifen die **Schutzmechanismen** von Kampf oder Flucht bei Übererregung und Erstarrung bei Untererregung (vgl. Kapitel 7).

Unter **Resilienz** versteht man die Fähigkeit eines Menschen, außergewöhnliche Anforderungen und schwierige Situationen zu bewältigen und psychisch gestärkt aus der Situation hervorzugehen.

Je größer das Stress-Fenster ist, umso resilienter ist der Mensch und kann herausfordernde Momente folglich besser meistern. Je kleiner das eigene Toleranz-Fenster ausgeprägt ist, desto weniger belastbar ist er (vgl. Abbildung). Entscheidend ist auch hier wieder, welche **Erfahrungen** ein Mensch in seiner Kindheit in Stresssituationen gemacht hat und wie gut die primären Bindungspersonen regulierend unterstützen konnten. Das bedeutet: Je nachdem, wie sie aufgewachsen sind und welche neuronalen **Persönlichkeitsvoraussetzungen** sie haben, reagieren Fachkräfte unterschiedlich auf die gleiche belastende Situation in der Kita.

Das Stress-Toleranz-Fenster nach Daniel Siegel

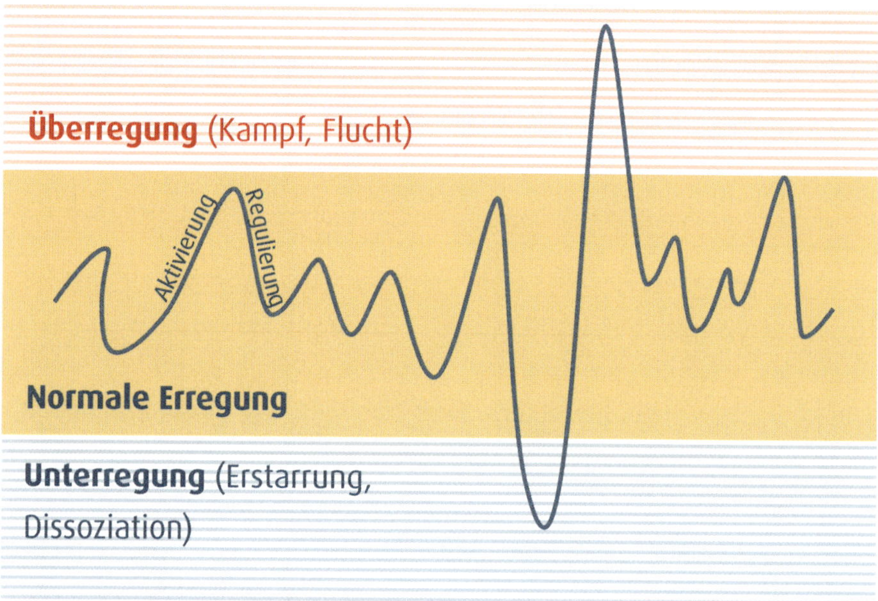

Die Erfahrungen aus der Kindheit sind nicht mehr veränderbar, und es gilt, rückwirkend nicht nach Schuldigen zu suchen. Wichtig ist, dass Fachkräfte die **Verantwortung** für ihr gegenwärtiges Tun übernehmen und sich gut beobachten, ob sie sich noch innerhalb des Stress-Toleranz-Fensters bewegen oder nicht und welche autonomen Reaktionen sie zeigen, wenn sie zu gestresst sind (vgl. Kapitel 7). Erstarre ich, wenn ein Konflikt entsteht? Werde ich wütend, wenn ein Kind nicht auf die Regeln achtet? Oder gehe ich aus dem Raum, wenn es mir zu laut wird? Manchmal können diese Reaktionen sehr dienlich sein. Wenn sie sich jedoch unkontrolliert und unbewusst ihre Wege suchen, kann das zu verletzendem oder vernachlässigendem Verhalten führen und zum Nachteil der Kinder sein.

Wenn Fachkräfte ein **Bewusstsein für ihren eigenen Stresshaushalt** entwickeln und nach und nach neue Regulationsmöglichkeiten finden, kann ihr Stress-Toleranz-Fenster größer werden. Bleibt die Belastung jedoch insgesamt zu groß und findet keine Reflexion statt, manifestiert sich das Fenster entsprechend der Erfahrungen aus der Kindheit.

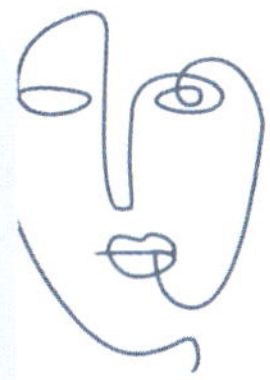

Stress

- In welchen Situationen gerate ich unter Stress?
- Wann komme ich an meine Grenzen?
- Was sind zuhause bzw. in der Arbeit meine Energieräuber?
- Was sind für mich zuhause oder in der Arbeit meine Energiequellen?
- Wie groß bzw. klein ist mein Stress-Toleranz-Fenster?
- Was sind meine äußeren und inneren Stressoren?
- Welche alternativen Handlungsweisen kann ich für meine Stresssituationen finden? Wer kann mich dabei unterstützen?

10.2 Den Umgang mit den Stressoren verändern

In der pädagogischen Arbeit in Krippe, Kita und Kindertagespflege trifft die Fachkraft auf Kinder, deren Stressverarbeitungssystem sich gerade in einer höchst sensibel prägbaren Phase befindet. Die Erfahrungen der Kinder im Umgang mit Stress nehmen Einfluss auf ihr weiteres Leben. Deswegen ist es eine unabdingbar, dass sich Fachkräfte gut selbst regulieren können, um die Kinder gut ko-regulieren zu können. Die Fachkräfte können reflektieren, was stressauslösend auf sie wirkt und wie sie verändernd darauf einwirken können.

Um den eigenen Stress am Arbeitsplatz abbauen zu können, gilt es zunächst, die persönlichen **Stressauslöser** (Stressoren) zu identifizieren (*vgl. Übung Nr. 32 im Workbook*). Es gibt zwei Formen von Stressoren: die inneren und die äußeren Stressoren.

ÄUSSERE STRESSOREN	INNERE STRESSOREN
Personalmangel	(Zu) hohe Ansprüche an sich selbst
Hoher Lärmpegel	Unerfüllte Wünsche und Bedürfnisse
Zeitmangel	(Überhöhte) Erwartungen
Termindruck	Geringe Belastbarkeit
Zu viele Aufgaben	Perfektionismus
Negative Kritik	Negative Glaubenssätze und ein negativer innerer Dialog
Häufige Veränderungen	Selbstabwertung
Ärger mit Kollegen und Kolleginnen	etc.
Herausfordernde Kinder	
Fordernde Eltern	
etc.	

In der Regel lassen sich äußere Stressoren leichter erkennen, was aber nicht heißt, dass sie deshalb einfacher zu verändern sind. Je konkreter die Situationen erfasst werden, in denen es zu Stressreaktionen kommt, desto besser kann die Fachkraft gemeinsam mit Träger, Leitung und Team nach Lösungen suchen. Erste Lösungsansätze können dann zum Beispiel eine vorübergehende Reduzierung der Betreuungszeiten und Angebote bei Personalmangel oder gegenseitige Unterstützung durch gruppenübergreifendes Arbeiten sein. Kollegiale Beratungen, Fortbildungen und Supervisionen können Entlastungsmomente eröffnen für den Umgang mit Kollegen und Kolleginnen oder mit herausfordernden Kindern und sehr fordernden Eltern. Bei einem Zuviel an Aufgaben sollte überprüft werden, ob die eine oder andere Aufgabe wirklich wichtig und dringend ist, noch aufgeschoben werden kann oder sogar etwas für den Papierkorb ist.

In unserem Beispiel wäre demnach zu prüfen, ob Fachkraft Anna gerade am Montagmorgen tatsächlich mit so vielen Kindern alleine in den Tag starten muss oder ob durch eine Dienstplanänderung ihre Kollegin Evi schon etwas früher kommen könnte. Alternativ wäre zu überlegen, ob montags eine andere Kollegin im Außengelände oder im Bewegungsraum die Kinder begleitet, die das Bedürfnis haben, sich auszutoben.

Die **inneren Stressoren** zu erkennen und zu verändern, fällt hingegen oftmals viel schwerer. Nicht selten sind damit die Glaubenssätze des inneren Kindes (vgl. Kapitel 8) und andere wunde Punkte (vgl. Kapitel 4) verknüpft. Wer sich hier auf die Suche begibt und alleine nicht weiterkommt, sollte sich gegebenenfalls Unterstützung bei Coaches, Supervisoren und Supervisorinnen oder in besonderen Situationen bei Therapeuten und Therapeutinnen holen. Manchmal hilft auch das Gespräch mit Kollegen und Kolleginnen, die gute Anregungen haben, wie sie selbst mit den inneren Stressoren umgehen.

In unserem Beispiel hätte Anna durch eine Beratung erkannt, dass sie sich selbst mit der Erwartung unter Druck setzt, dass die Kinder leise sein sollen, damit die Kolleginnen nicht den Eindruck gewinnen, sie sei eine schlechte Erzieherin. Auf diese Weise hätte sie ihr Stress-Toleranz-Fenster erweitern und deshalb besser mit den lebhaften und bewegungsfreudigen Kindern klarkommen können. Wenn sie dann doch manchmal spüren würde, wie ihr Stresspegel steigt, wüsste sie eine kurze Achtsamkeitsübung, die ihr hilft, durchzuatmen und wieder zur Ruhe zu kommen.

Hand aufs Herz

Wenn der innere Stresspegel steigt, kannst du dich dir bewusst zuwenden. Schließe die Augen, lege die Hand auf dein Herz und richte für einen Moment deine Aufmerksamkeit nach innen. Atme dreimal tief in den Bauch und wieder aus. Mit der Hand auf dem Herzen schenkst du dir selbst Mitgefühl. Du spürst, wie es dir geht, was du fühlst, was du denkst und was wirklich wichtig ist. Du kannst dich um dich kümmern.

Es lohnt sich auf jeden Fall, einmal genauer hinzuschauen und zu überlegen, was **im Außen oder Inneren veränderbar** ist. Je bewusster die Fachkraft mit ihren Stressoren umgeht, desto eher gelingt es ihr, die Kinder bei deren Stressregulation zu begleiten und ein Vorbild für ihr zukünftiges Stressmanagement zu sein.

Kita Talk: Stress lass nach mit Rebekka Asbach

Online unter: *https://youtu.be/rlw4MozF604*

Blogartikel: Kraftquellen im Alltag finden

Online unter: *https://coaching-cantzler.de/2022/02/08/kraftquellen-im-alltag-finden/*

Sich selbst annehmen, um Kinder annehmen zu können 11

Es ist nie zu spät für eine glückliche Kindheit. ERICH KÄSTNER

Die eigenen Erfahrungen und **Erlebnisse prägen.** Insbesondere die frühesten Erfahrungen beeinflussen, wie wir uns selbst sehen, welchen Wert wir uns geben, wie wir uns verhalten. Sie prägen die eigene Beziehungskompetenz, die sich wiederum unmittelbar auf die Interaktionen mit den Kindern in der pädagogischen Einrichtung auswirkt. Bleiben unbewusste schmerzliche Erfahrungen unreflektiert, werden sie auf die Kinder übertragen und verschließen die eigene Offenheit. Trigger können explosive Reaktionen auslösen, und auf diese Weise werden Schmerzen weitergegeben.

Es ist nicht wichtig, was wir erlebt haben, sondern wie wir es im Nachhinein bewerten, so formuliert es Ben Furman (2013, S. 76ff.). Wir sind selbst verantwortlich für das, was wir glauben und wie wir handeln. Wir können die Verantwortung übernehmen – für uns und unser pädagogisches Handeln.

Verstehen wir unsere eigenen **Verletzungen als Schutzmechanismen** aus einer vergangenen Zeit, kann es möglich werden zu begreifen, dass die Gefahr im Heute vorbei ist. Damals war es wichtig, die Schutzstrategien zu entwickeln; sie haben, wie das Wort schon sagt, geschützt und Schmerz vermieden. Im Heute darf ich zu mir sagen: Meine Schutzreaktionen sind richtig und wichtig gewesen und **ich darf sie ablegen, denn sie sind nicht mehr notwendig.** Zum Wohle der mir anvertrauten Kinder kann ich meine eigenen Reaktionen überdenken und eine Verbindung mit ihnen eingehen. Auf diese Weise schaffe ich es, am besten gemeinsam im Team, eine transgenerationale Weitergabe von Schmerz zu verhindern. „Es ist immer eine Hoffnung da, dass dein Leben anders werden kann, denn du kannst jederzeit neue Erfahrungen machen und Neues lernen“ (Satir 2004, S. 36).

Lösen Situationen Unsicherheit aus, ist der eigene Selbstwert angekratzt, werde ich besonders wütend, sollte ich zum Wohl der Kinder genau hinschauen, welche Schutzstrategien abgerufen werden und was sie mir sagen wollen. Wovor wollen sie mich schützen und wie kann ich sie verändern? Rufen Reflexionsübungen Abwehr in mir hervor, kann das als Geschenk wahrgenommen und angenommen werden.

Das Wunderbare ist, dass selbst zutiefst verletzte Menschen, wenn sie die Pforte zu sich öffnen, sich selbst trösten können. Fachkräfte können lernen, für sich selbst **Empathie und Verständnis** zu empfinden, damit auch die verletzten Anteile sein dürfen, nicht abgewertet werden und somit angenommen werden können. Lernen Fachkräfte mit sich in Verbindung zu sein, die eigenen alten und aktuellen Gefühle wahrzunehmen, sind sie in der Lage, auch mit den Kindern und Eltern in ein authentisches Miteinander zu kommen, wahrhaftig zu sein und nicht verletzend.

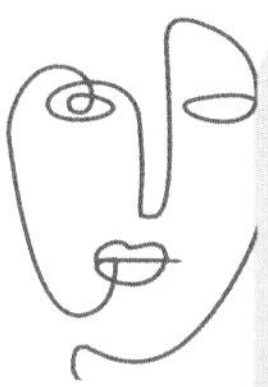

Sich selbst annehmen

- Womit bin ich im Reflexionsprozess in Kontakt gekommen?
- Welches war der größte Aha-Moment?
- Welche Stärken habe ich (wieder-)entdeckt?
- Wovon möchte ich mich verabschieden?
- Bei was möchte ich in der nächsten Zeit weiter in die Bewusstwerdung kommen?

Das eigene innere Kind der Fachkraft braucht ebenso eine **liebevolle Zuwendung** wie die Kinder vor ihr. Es geht darum, sich selbst zu mögen mit allem, was ist, und allem, was war. Im inneren Dialog sollten Fachkräfte keine Selbstkritik üben, wenn etwas nicht klappt, wenn etwas „schon wieder" schiefgeht oder sie übergriffig gehandelt haben. Als hätte sie eine liebevolle Freundin neben sich kann jede Fachkraft sich selbst trösten, in den Arm nehmen und **sich selbst Hochachtung** und Wertschätzung schenken. Sie kann sich immer wieder von hinderlichen und schmerzenden Glaubenssätzen verabschieden und stärkende Sätze in ihrer Arbeit wirken lassen.

Es ist so wichtig, in die Selbsterkenntnis zu kommen und zu verstehen, warum ich in einer Situation auf eine bestimmte, zuerst unerklärliche Weise handle und woher diese Ungereimtheit kommt. Es sollte nicht um Schuld gehen, sondern darum, in Beziehung zu gehen sowie sich selbst und anderen zu verzeihen. Wirkliche Selbstliebe ist es, wenn ich alle inneren Anteile annehmen und anerkennen kann, auch das verletzte innere Kind. Eine Fachkraft kann Kindern und Eltern nur achtsam und liebevoll begegnen, wenn sie es auch mit sich selbst kann, und sie kann sich nur gut um andere kümmern, wenn sie gut für sich selbst sorgt. Sind ihre Bedürfnisse ausreichend erfüllt, kann sie ausgeglichen und zufrieden in Beziehung mit den Kindern, Eltern, Kollegen und Kolleginnen gehen. Selbstfürsorge bedeutet also, darauf zu achten, dass die eigenen akuten Bedürfnisse ausreichend Erfüllung finden (vgl. Wedewardt & Hohmann 2021).

Die Schale der Liebe

Wenn du vernünftig bist, erweise dich als Schale und nicht als Kanal,

der fast gleichzeitig empfängt und weitergibt,

während jene wartet, bis sie gefüllt ist.

Auf diese Weise gibt sie das, was bei ihr überfließt, ohne eigenen Schaden weiter.

Lerne auch du, nur aus der Fülle auszugießen und habe nicht den Wunsch, freigiebiger zu sein als Gott[1].

Die Schale ahmt die Quelle nach. Erst wenn sie mit Wasser gesättigt ist, strömt sie zum Fluss, wird sie zur See.

Du tue das Gleiche! Zuerst anfüllen und dann ausgießen.

Die gütige und kluge Liebe ist gewohnt überzuströmen, nicht auszuströmen.

Ich möchte nicht reich werden, wenn du dabei leer wirst.

Wenn du nämlich mit dir selbst schlecht umgehst, wem bist du dann gut?

Wenn du kannst, hilf mir aus deiner Fülle, wenn nicht, schone dich.

BERNHARD VON CLAIRVAUX

1 Für jeden und jede von uns bedeutet Gott etwas anderes. Setze hier bitte das Wort ein, das für dich passt und stimmig ist.

Welche Erfahrungen aus meiner Kindheit möchte ich weitergeben und welche nicht? Welche Erinnerungen sind schmerzhaft, sodass ich sie nicht an die Kinder weitergeben will? Welche Besonderheiten machen mich aus und welche Qualitäten habe ich? Was sind meine inneren Schätze auch aufgrund meiner Erfahrungen und Erinnerungen? Was sind die schönsten Momente aus meiner Kindheit, die ich unbedingt in meine Arbeit einfließen lassen möchte? (*vgl. Übungen Nr. 34 und 35 im Workbook*)

Am Ende zählt eigentlich nur eine Frage: Welche Fachkraft möchte ich gewesen sein, wenn ich in 30 Jahren auf mein Berufsleben zurückblicke? Was sollen die (ehemaligen) Kinder dann über mich erzählen?

Geh auf Entdeckungsreise zu dir selbst

Parallel zu dem hier vorliegenden Buch haben Lea Wedewardt und Anja Cantzler ein Workbook entwickelt, mit dem du bei Beobachtungs-, Schreib- und Ausfüllaufgaben, Ankreuz- und Schätzfragen und vielem mehr selbst aktiv werden kannst.

Das begleitende Workbook lädt dazu ein, dich selbst zu reflektieren und dein eigenes Fühlen, Denken und Handeln im Umgang mit den Kindern, Eltern, Kollegen und Kolleginnen besser zu verstehen. Du kannst mit den Kindern und Eltern nur im liebevollen Kontakt sein, wenn du es auch mit dir selbst bist und du kannst dich nur gut um andere kümmern, wenn du dich gut um dich selbst sorgst. Sind deine Bedürfnisse im Jetzt und aus der Vergangenheit ausreichend erfüllt, kannst du ausgeglichen und zufrieden in Beziehung mit Kindern, Eltern, Kollegen und Kolleginnen gehen.
Entlang der Kapitel des Buchs gibt es entsprechende Impulse und Anregungen. Ergänzend findest du auch Ideen, wie du erste Veränderungsschritte einleiten und verankern kannst.
Nutze dieses Reflexionsbuch als Entdeckungsreise zu deinem Selbst mit allem, was zu dir als Person dazugehört – nicht nur als Fachkraft, sondern auch als Mensch.
Wir wünschen dir viele erhellende und stärkende Aha-Momente auf deinem Weg zu deinem SELBST BEWUSST SEIN.

Deine Lea und Anja

Lea Wedewardt, Anja Cantzler

Sich seiner SELBST BEWUSST SEIN

Biografische Selbstreflexion – WORKBOOK

64 Seiten, 14,8 x 21 cm
Klappenbroschur, mit Gummiband
€ 12,00 (D) / € 12,40 (A) / sFr 17,90 (CH)

ISBN 978-3-451-39920-6

Literatur

Ballmann, A.E. (2019): Seelenprügel. 3. Auflage. München: Kösel.

Bartholome, K. & Horowitz, L.M. (1991): Attachment styles among young adults: A test of a four-category model. Journal of Personality and Social Psychology, 61, 226–244.

Bauer, J. (2016): Warum ich fühle, was du fühlst. Intuitive Kommunikation und das Geheimnis der Spiegelneurone. München: Heyne.

Behncke, B. (2013): Frühkindlicher Stress in der Fremdbetreuung: https://fuerkinder.org/blog/stress-in-der-fremdbetreuung/ (Zugriff: 28.01.2022).

Bengel, J. & Lyssenko, L. (2012): Resilienz und psychologische Schutzfaktoren im Erwachsenenalter. Forschung und Praxis der Gesundheitsförderung, Band 43. Köln: BzgA.

Bundesministerium für Familien, Senioren, Frauen und Jugend (2015) : Tandem-Studie Spielt das Geschlecht eine Rolle? Erziehungsverhalten männlicher und weiblicher Fachkräfte in Kindertagesstätten.

Brazelton, B. & Stanley, G. (2008): Die sieben Grundbedürfnisse von Kindern: Was jedes Kind braucht, um gesund aufzuwachsen, gut zu lernen und glücklich zu sein. Weinheim: Beltz.

Bretherton, I. & Munholland, K.A. (1999): Internal Working Models in Attachment Relationships. A Construct Revisited. In: Cassidy/Shaver (eds.): Handbook of Attachment: Theory, research and clinical applications. New York: Guilford, 89–108.

Brisch, K.H. (2001): Bindungsstörungen. Von der Bindungstheorie zur Therapie. Stuttgart: Klett-Cotta.

Brisch, K.H. (2012): Intergenerationale Bindungen, Trauma und Dissoziation: Ursachen, Therapie und Prävention. In: M. Huber & R. Plassmann (Hrsg.): Transgenerationale Traumatisierung. Tagungsband zur DGTD-Tagung September 2011 in Bad Mergentheim. Paderborn: Junfermann, S. 99–26.

Cantzler, A. (2015): Authentizität im Kita-Alltag. Klein & Groß 10/2015.

Chopich, E.-J. & Paul, M. (2013): Das Arbeitsbuch zur Aussöhnung mit dem Inneren Kind. Berlin: Ullstein.

Damasio, A. (1994): Descartes' Irrtum. Fühlen, Denken und das menschliche Gehirn. München: List.

DPFA Hochschule Zwickau (2013): Zusammenhang von Biografie, Stress & Körperreaktionen bei Erziehern: Psycho-physiologische Laboruntersuchungen zur Erziehergesundheit. www.ergo-med.de/arbeitsschutz/zusammenhang-von-biografie-stress-koerperreaktionen-bei-erziehern-psycho-physiologische-laboruntersuchungen-zur-erziehergesundheit/ (Zugriff: 30.01.2022).

Fischer, G. & Riedesser, P. (1999): Lehrbuch der Psychotraumatologie. Stuttgart: UTB.

Fonagy, P. & Target, M. (2003): Frühe Bindung und psychische Entwicklung. Gießen: Psychosozial.

Franzke, A. & Unterlinner, A. (2007): Skript zum Vortrag Werte, Normen und Rollen. Universität Augsburg. https://www.yumpu.com/de/document/read/25298572/werte-normen-und-rollen-universitat-augsburg/5 (Zugriff: 08.03.2022).

Freud, A. (1984): Das Ich und die Abwehrmechanismen. Frankfurt/M.: Fischer.

Fröhlich-Gildhoff, K. & Rönnau-Böse, M. (2019): Resilienz. Stuttgart: UTB.

Furman, B. (2013): Es ist nie zu spät eine glückliche Kindheit zu haben. Dortmund: Borgmann.

Greif, S. ; Bamberg, E.; Semmer, N. (Hrsg.) (1991): Psychischer Stress am Arbeitsplatz. Göttingen: Hogrefe.

George, C.; Kaplan, N. & Main, M. (1996): Adult Attachement Interview. Unpublished manuscript. Department of Psychology, University of California: www.cmap.polytechnique.fr/~jingrebeccali/research/AAI_Scoring.pdf (Zugriff: 08.12.2021).

George, C. & West, M. L. (2012): The adult attachment projective picture system: Attachment theory and assessment in adults. New York: Guilford Press.

Grawe, K. (2004): Neuropsychotherapie. Göttingen: Hogrefe.

Grossmann, K.E. & Grossmann, K. (2004): Bindungen – das Gefüge psychischer Sicherheit. Stuttgart: Klett-Cotta.

Gudjons, H.; Wagner-Gudjons, B. & Pieper, M. (2008): Auf meinen Spuren. Übungen zur Biografiearbeit. Bad Heilbrunn: Verlag Julius Klinkhard, 7., völlig neu bearbeitete und aktualisierte Auflage.

Hédervàri-Heller, É. (2011): Emotionen und Bindung bei Kleinkindern. Entwicklung verstehen und Störungen behandeln. Weinheim, Basel: Beltz.

Hédervàri-Heller, É. & Antunes, F.M. (2017): Bindungsrepräsentationen Studierender der Kindheitspädagogik zu Beginn des Studiums. Göttingen: Hogrefe.

Heller, L. & Lapierre, A. (2012): Entwicklungstrauma heilen. München: Kösel.

Hörmann, K. (2014): Die Entwicklung der Fachkraft-Kind-Beziehung. Kita-Fachtexte. www.kita-fachtexte.de/fileadmin/Redaktion/Publikationen/KiTaFT_hoermann_2014.pdf (Zugriff: 08.12.2021).

Hüther, G. (2016): Bedienungsanleitung für ein menschliches Gehirn. Göttingen: Vandenhoeck und Ruprecht.

Kißgen, R. & Suess, G J. (2005): Bindungen in Hoch-Risiko-Familien. Ergebnisse aus den Minnesota Parent Child Project. Frühförderung interdisziplinär 24, 10–18.

Klingenberger, H. (2003): Lebensmutig. München: Don Bosco.

Klingenberger, H. & Ramsauer, E. (2017): Biografiearbeit als Schatzsuche – Grundlagen und Methoden. München: Don Bosco.

Knauf, H. (2009): Ich will Erzieher/in werden. Warum brandenburgische Fachschülerinnen und -schüler sich für den Beruf der/des Erziehers/in entscheiden. Kita aktuell 3/2009, 52–54.

Knopf, M.; Goertz, C. & Kolling, T. (2011): Entwicklung des Gedächtnisses bei Säuglingen und Kleinkindern. Psychologische Rundschau, 62, 85–92.

Krappmann, P. (2010): Emotionsregulation, Empathiefähigkeit und bindungsrelevante Einstellungen bei Studierenden der Sozialen Arbeit und der Frühpädagogik. In: S.B. Gahleitner & G. Hahn (Hrsg.): Klinische Sozialarbeit. Gefährdete Kindheit – Risiko, Resilienz und Hilfen. Bonn: Psychiatrie-Verlag.

Kreutz, D. & Trost, A. (2014): Bindungsstile bei Professionellen der Sozialen Arbeit. In: A. Trost (Hrsg.): Bindungsorientierung in der Sozialen Arbeit. Grundlagen – Forschungsergebnisse – Anwendungsbereiche. Dortmund: Borgmann Holding AG, S. 225–238.

Lazarus, R.S. (1999): Stress and emotion: A new synthesis. New York: Springer.

Loch, U. (2007): Jugendliche Delinquenz als intergenerationeller Problemlösungsversuch. Ergebnisse einer Mehrgenerationenstudie. Klinische Sozialarbeit 3,2, 8–9.

Maslow, A.H. (1962): Some basic propositions of a growth and self-actualization psychology. In: A. Combs (Ed.): Perceiving, behaving, becoming: A new focus for education, Association for Supervision and Curriculum Development (ASCD) 1962 yearbook. Washington, DC: Association for Supervision and Curriculum Development. Pp. 34–49.

Miethe, I. (2011): Biografiearbeit – Lehr- und Handbuch für Studium und Praxis. Weinheim: Juventa.

Missildine, W.H. (2012): In dir lebt das Kind, das du warst. Seelische Belastungen bewältigen. Stuttgart: Klett-Cotta.

Musiol, M. (2002): Lebensgeschichte und Identität im Erzieherinnenberuf. In: H.-J. Laewen & B. Andre (Hrsg.): Bildung und Erziehung in der frühen Kindheit. Bausteine zum Bildungsauftrag von Kindertageseinrichtungen. Weinheim: Beltz.

Perry, P. (2021): Das Buch, von dem Du Dir wünschst, Deine Eltern hätten es gelesen. Berlin: Ullstein.

Peseschkian, N. (2019): Wenn du willst, was du noch nie gehabt hast, dann tu, was du noch nie getan hast. Freiburg: Herder.

Petermann, F. & Wiedebusch, S. (2016): Emotionale Kompetenz bei Kindern. Göttingen: Hogrefe.

Rauwald, M. (Hrsg.) (2020): Vererbte Wunden. Transgenerationale Weitergabe traumatischer Erfahrungen. Weinheim: Beltz.

Remsperger, R. (2011): Sensitive Responsivität. Zur Qualität pädagogischen Handelns im Kindergarten. Wiesbaden: VS Verlag.

Satir, V. (2004): Selbstwert und Kommunikation. Familientherapie für Berater und zur Selbsthilfe. Stuttgart: Klett-Cotta.

Scherwath, C. (2021): Liebe lässt Gehirne wachsen. Berlin: Cornelsen

Schleiffer, R. & Gahleitner, S.B. (2010): Schwierige Klientel oder schwierige Helfende? – Konsequenzen desorganisierter Bindungsmuster für die psychosoziale Arbeit. In: S.B. Gahleitner & G. Hahn (Hrsg.): Klinische Sozialarbeit. Gefährdete Kindheit – Risiko, Resilienz und Hilfen. Bonn: Psychiatrie-Verlag.

Schulze, H. (2020): Familiale Gewalt: intragenerationale und intergenerationelle Gewalt. In: H. Schulze & K. Witek (Hrsg.): Perspektiven von Kindern auf Gewalt in ihren Lebenswelten. Kassel: University Press, S. 15–42.

Siegel, D.J. (2012): Mindsight – Die neue Wissenschaft der persönlichen Transformation. Freiburg: Arbor.

Siegel, D.J. & Bryson, T.P. (2017): Achtsame Kommunikation mit Kindern. 12 revolutionäre Strategien aus der Hirnforschung für die gesunde Entwicklung Ihres Kindes. Freiburg: Arbor.

Stahl, S. (2015): Das Kind in dir muss Heimat finden. Der Schlüssel zur Lösung (fast) aller Probleme. München: Kailash.

Stahl, S. (2017): Das Kind in dir muss Heimat finden. In drei Schritten zum starken Ich. Das Arbeitsbuch. München: Kailash.

Stahl, S. & Tomuschat, J. (2018): Nestwärme, die Flügel verleiht: Halt geben und Freiheit schenken – wie wir erziehen, ohne zu erziehen. München: Kailash.

Stangl, W. (2018): Bedeutung der Rahmenbedingungen für das Lernen. https://arbeitsblaetter-news.stangl-taller.at/bedeutung-der-rahmenbedingungen-fur-das-lernen/ (Zugriff: 25.01.2022).

Stegmaier, S. (2008): Grundlagen der Bindungstheorie. Kita-Fachtexte. www.kindergartenpaedagogik.de/fachartikel/psychologie/1722 (Zugriff: 25.12.2021).

Stricker, T.; Schmidberger, I. & Wippermann, S. (2020): Auf der Suche nach Haltung. Klein & Groß 11/2020, 6–10.

Strüber, N. (2020): Risiko Kindheit. Die Entwicklung des Gehirns verstehen und Resilienz fördern. Stuttgart: Klett-Cotta.

Suess, G. (2001): Eltern-Kind-Bindung und kommunikative Kompetenzen kleiner Kinder – Die Bindungstheorie als Grundlage für ein integratives Interventionskonzept. In: A. von Schlippe, G. Lösche & C. Hawellek (Hrsg.): Frühkindliche Lebenswelten und Erziehungsberatung – Die Chancen des Anfangs. Münster: Votum, S. 39–61.

Toussaint, A. & Herzog, A. (2020): Einführung Somatoforme Störungen, Somatische Belastungsstörungen. Stuttgart: UTB.

Tschöpe-Scheffler, S. (2014): Die Bedeutung der Haltung in der Zusammenarbeit mit Eltern In: S. Tschöpe-Scheffler (Hrsg.): Gute Zusammenarbeit mit Eltern in Kitas, Familienzentren und Jugendhilfe. Leverkusen: Barbara Budrich.

Weber, Ch.Th. (2019): Traumafokus. Eine neuropsychotherapeutische Methode zur Verarbeitung von psychischem Stress, Traumata und chronischem Schmerz. Wien: Facultas.

Wedewardt, L. & Hohmann, K. (2021): Kinder achtsam und bedürfnisorientiert begleiten in Krippe, Kita und Kindertagespflege. Freiburg: Herder.

Wedewardt, L. (2022): Wörterzauber statt Sprachgewalt. Achtsam sprechen in Kita, Krippe und Kindertagespflege. Freiburg: Herder.

Wustmann, C. (2004): Widerstandsfähigkeit von Kindern in Tageseinrichtungen fördern. Berlin: Cornelsen.

Zimbardo, P.G. (1998): Psychologie. Berlin: Springer, 6., neubearbeitete und erweiterte Auflage.

Zittlau, J. (2019): Der Atmen beeinflusst unsere Gefühle und umgekehrt. www.tagblatt.ch/leben/der-atmen-beeinflusst-unsere-gefuhle-und-umgekehrt-ld.1123890 (Zugriff am 29.01.2022).

DVD

Pädagogik-Talk 03: Haltung – Kann sie VerHALTen steuern, uns HALT geben? AV1 Pädagogik-Filme, Kaufungen, 2016.